JN299101

喰らう読書術

一番おもしろい本の読み方

荒俣 宏

ワニブックス
|PLUS|新書

はじめに——読書はおもしろいはずだが、実際はつらい

読書する習慣はどうやったら身に付くか。

これが、本書の大テーマです。それも、ただ勉強のためというのではなく、人生をおもしろくさせるための読書術といってよろしいと思います。

私自身、いま読書することは暮らしの「一日常」になっており、食堂でご飯がくるまでの待ち時間に本をひろげたり、風呂につかりボーッとする間も、バスタブに板をわたして、その上に本を置いて読んでいます。

最近、眼科医にそのことを話したら、「あなたは知らずに最も効果のある読書法を実践されてますよ。風呂場は蒸気があってドライアイになりにくい。長時間の読書に向いているんです」と褒められ、びっくりしたことがあります。

ただし、正直に申しますが、本気で読書が好きになると、いろいろとデメリットも発

生してくるのを、覚悟しなければなりません。まず、家庭をお持ちの方なら、本の置場に困ります。といって、電子書籍がそれを解決するというのは、大きな勘違いだと思います。本を真剣に愛し、読み込むならば、現状に流布している電子書籍の完成度では、とうてい満足できなくなってくるからです。はっきり申して、いまの電子書籍は本の歴史にたとえれば「グーテンベルク以前」の状態にすぎません。まずだいいちに、いま買える電子書籍は、紙の本の電子コピー、すなわち書き写しにすぎないからです。

ですから、本好きとは、まだ数十年のあいだは、紙の本を愛する人を意味する言葉として流通していかざるをえません。

それなら、本とはそこそこの付き合いに止《とど》めればいいではないか、とおっしゃる方もおいででしょう。もちろん、それで一向にかまわないのです。しかし、「本とそこそこ付き合う方法」などといった書籍は、書くほうもおもしろくないし、読むほうだって意味がないでしょう。

私がこの本でおすすめすることは、読書を終生の友とし、この有益な友をできるかぎり有効に活用するための、基本的な心構えを考える、ということに尽きます。いろいろデメリットやつらいこともあるけれど、それを上回る楽しさがある、ということなのです。そんなことは数十年も本を読みつづけていれば、だれでも身に付くことだと思いますが。

ところで、現代は人と本との距離が大きく広がった時代であるように思えてなりません。まず、個人の家に本が置かれなくなりました。本が邪魔者となり、家具としてはおろか、シンボルやインテリアとしてもパワーをなくしてきたようなのです。ちょうど、身の回りに昆虫や鳥がいなくなってしまい、それを見るためには動物園に出かける必要が出てきたのに近いと思います。これでは、本との付き合いも親身になりませんし、ましてや「座右の書」といった感覚も醸成されません。

たとえば、同居する家族がたくさんいるのも、いいところがある代わり、ウザクなるところもあるのです。しかし同居していればこそ味わえる喜びや悲しみが、そのデメリットを耐え忍ばせたのです。しかし、私たち団塊の世代あたりから、今度は逆に家族同居の暮らしのメリットを切り捨てる暮らし方が選ばれるようになりました。その結果起きたのが、今の社会の問題点でしょう。

知の世界にも同様のことが発生しているのではないでしょうか。楽な本ばかり読んでいるうちに、なんだか「利口・バカ」みたいな人が増えてきました。そうではなく、何年も手許《てもと》に本を持ちつづけるという、腰をすえた付き合い方が、じつはその人の人生を頑丈にする要因の一つになるのではないか、ということがこの本の提案です。

そういう意味で、本書は、身の回りにいつも本を置く生活のノウハウをお示ししたいと思っています。その最大のポイントは、

・本を読むという手間を惜しまない
・本棚には読まなくても本を並べる楽しみがある
・真の読書は、読むことに直接の利益を期待しないことである

という三点にまとめられると思います。

それでも、読書は、それを日常実践せずにいられなくなるような意味も、価値も、あると思います。まるで、毎日決まった時間に食べるご飯のようなものだからです。

本書に「喰らう読書」などというヘンテコリンな題名が付けられた理由が、そこにあります。一日の仕事や遊びをするために食べる朝ご飯、当たり前のように箸をもって、さらさらと掻っ込むご飯は体のためですが、では、心にはどうしてご飯をあげないのでしょうか？

え？　毎朝、新聞読んでるし、テレビも見ているって？　そう、それですよ、その当たり前さです。新聞とテレビの延長として、本も食前に用意してください。

その点、我が家はすざまじいですよ。我が家にはもちろん書庫にも本はありますが、妻が運転する車の後ろ座席にも、食卓の半分のスペースにも、トイレにも、そして風呂場にも（ここがいちばん重要で、毎晩風呂にはいって一冊読みます）、また海の生物を飼育観察している湿気だらけの水槽室にも、本の山があります。いろんな場所で、いろんな本を並行して読んでいます。

で、ここがいちばん、読者のみなさまには気にかかるところでしょうが、そんなに毎日読書をして、お前はいったいどんな偉い人間になったのだ、という疑問が残りますね。

正直に、はっきり申します。聖人にも、悪人にも、また偉い物識《ものし》りにも、なれません。

ただ一つ、メリットといえば、人生に退屈せずに済んだことです。

ただし、実績ではなく、可能性ということに目をむければ、読書には大きな可能性が秘められています。私には、まだ知りたいこと、したいことがたくさんあるからです。それが実現する方向へ手助けをしてくれるのが、この厄介で場所塞ぎだけれども、手許に置いて大事にするべき本の山である、といってよろしいかと思います。仲良くなった本は、自分をどこかに導いてくれる「先達」にも変身できる、ということでしょう。

うそか、まことか、とりあえずはご一読をおねがいいたします。

荒俣 宏

目 次

第二章　本を好きになるとはどういうことか？……109

第一章 「読書」と「本」を知る7つの「急所」

●急所その1
読書は「精神の食事」――でも、食わなくても死なない!

まずはじめに、繰り返して申しあげておきます。読書という行為をひとことで言いあらわすなら、それは「食べること」だと言えます。私たちはだれでも、生きていくために三度の食事をしますね。ただし、この場合の食事は胃や腸ではなくて、精神が消化し吸収します。体を肥《ふと》らせるように、頭にも栄養をあたえるのです。

ふつう、食べたものは生きるためのエネルギーにかわります。食べなければ、餓死ですから、人間も動物も必死で食べ物をさがします。脳も同じで、栄養を与え続けないと、そのうち腐っていきます。

でも、妙なことに、私たちは生きるためには一生懸命食べ物をたべますが、頭にはほとんど栄養をやらないのですね。いや、やり忘れるのです。理由はかんたんです。頭への栄養は、やらなくても生きていけるように思えるからです。栄養なしでも生きていけるなら、ふつうはやらないですよね。では、なぜ餌なしで脳は死なないのでしょう。その理由は、さらにはっきりしています。脳の栄養は情報というか知的刺激物ですから、「物」ではありません。いわばヴァーチャルなのです。つまり、実態がないので、食べなくても腹が減って死にそうになるという実感がありません。

ところが、脳は空気を食べて生きているようなものですから、いくら食べても満腹になるということがありません。胃や腸とちがって、いくらでも吸収・消化できます。

これがヴァーチャルのおそろしいところです。ですから、いくら食べて太ってもいい代わりに、うまくコントロールしないといつか過剰になります。もしも胃の代わりに脳で食事を消化させたら、私たちはあっという間に超肥満体になってしまうでしょう。職業がお相撲さんならそれでいいわけですが、一般の人ですと、そういう巨漢では困ります。日常生活が困難になるでしょう。頭も、同じです。何でも食べたがる脳をバランスよく、ひろがりよく太らせないといけません。

そこで、読書にはとりわけ「ダイエット」ということも大切になるのです。

動物であれば、脳は自然にこのコントロールができますけれど、大脳皮質という部分が極大化した人間は、情報を〝食う〟ことについて歯止めのきかない大食漢になってしまった、と考えてください。

脳のダイエットということをもうすこし具体的にいうと、「代謝」をよくすることです。頭の代謝がよければ、多少食べ過ぎてもゴミは溜まりません。そしてもう一つは、「鉄の胃袋」を持つことです。胃が丈夫なら、変わった食べ物でも消化できますが、そこが弱いと、お腹をこわします。

頭が行う「食事」といえる読書だって、まったく同じことです。

・まず、何でも消化できる「鉄の胃袋」を持つ
・そしてバランスよく太るために「ダイエット」にも心を配る

読書が、あなたにとってほんとうに意義ある愉《たの》しみになるには、以上のルールを守ることをおすすめします。

●急所その2
頭が要求する「栄養」は、かならずしも読書ではない

体でなく心（精神）が食べる栄養――とはいっても、ひょっとするとピンとこないか

もしれませんね。具体的に申しあげましょう。

心が求めるいちばんバランスがよく、豊かな栄養は、「経験」です。自分で経験したこと。それが脳に記憶され、なにかあったときに参考としてすぐにでも使えます。

とにかく、これがいちばん強力な栄養です。なぜなら、体験には自分の感情やリアリティが伴っているからです。その意味では、口で食べる食物にいちばん似ています。食べた感覚や、五感の印象がくっついた「体験」は、まずなにを措《お》いても求めなければなりません。失敗体験でもかまわないのです。失敗した分だけ、あなたは賢くなっているはずです。

そして二番目が、他人の体験です。これもすばらしい栄養で、心に大きな印象を残します。印象が残るということ、これが栄養素であり、賢くなることの原点ですから。

ただし、他人の体験は、自分の体験でないので、ヴァーチャルな刺激となります。つまり、一種の「まがいもの」ですね。胃でいうなら、牛肉そっくりに料理したコンニャクを食べるのに似ています。牛肉を食べた感じはしますが、コンニャクですから身にはなりませんね。

ところが、脳はちがうんです。脳ならば、牛肉そっくりのコンニャクでも、牛肉として扱えるのです。なぜなら、脳は実物とヴァーチャルとを識別しないからです。ここが、人間の脳の恐ろしいところです。他人の経験も自分の経験であるかのように扱える。

したがって、これをもっとも手軽で便利にした形が「本」なのです。他人の身に起きた悲劇でも、私たちは聞いて泣くことができます。ですから、フィクションでもかまいません。こうして物語が生まれ、現代の小説に発展していったわけです。

「本」という形式は、自分と他人を区別せずに、すべての体験を平等にします。いまのところ、人間が発明した物の中でもっともよい頭の栄養、いわば頭の缶詰みたいなものが「本」です。「缶詰」ですから、何世紀も保存が利き、昔の人の体験でも、いまの私たちが昨日のことのように栄養にできるのです。これは実に便利な発明品です。

●急所その3

本は全部読まないと、わからない

さて、本書はそういうわけで、主として「本」を読むことを「読書」の基本と考えることにいたします。心の栄養になるものは他にもたくさんありますが、「本」はそのうちでもかなり美味しくて栄養価の高いグッドフードといえるでしょう。心の食事としては、高価なディナーとまではいいませんが、サラリーマンのお昼ご飯くらいの重要さはあると考えます。

何より、安くて仕事のエネルギーになりますから。

そこで最初に、どうしたらこの缶詰を美味しく食べ、無駄なく栄養にできるかをお話しすることが重要になってきます。箇条書きにして書いてみましょう。

①本はなるべく「まるごと」食べるのがいい
②本は自腹で買うことがいちばんいい
③本は「目から鱗《うろこ》が落ちる」快感があるのがいい
④本はクズや毒でも、思いがけない価値がある

右に挙げた4つのポイントは、本が持つ運命的な本質でもあると思われます。

まず、ポイント①。よく「ダイジェスト」だの「要約」だの「一部分」だのを売り物にした本が出ています。「よく分かる○○」とか、「要約版」とかいった本は、じつは大事な栄養をすっかりそぎ落としている危険があります。たとえばお米を思いうかべてください。白米は玄米にあったビタミンなどの栄養素を落としたものです。食べやすくて、しかもきれいですが、米が持っていた成分の多くを捨てているも同然です。

リンゴも、皮をむいて食べれば、皮にある栄養分が失われます。

本もまったく同じです。

いい例を挙げましょう。子ども向きに優しく毒を抜いて書かれた児童読み物は、教育的ではありますが、読書の対象としては問題があります。

たとえば、永遠の童話といわれる「アンデルセン童話集」も「グリム童話」も「ペロー童話集」も、じつは原書はたいへんに恐ろしい残虐な要素を含んでいます。

アンデルセンの作品でいえば、日本に明治時代に紹介された『絵のない絵本』が実例です。アンデルセンだから童話だよね、と思って読んだらおおまちがい。これは人生が思い通りにいかないという事実を諦めの気持ちで語った作品です。

『絵のない絵本』にこんな話があります。道化役の男が、相手役の女に舞台上で「僕と結婚しないか」と冗談をいう。じつは彼は役柄だけでなく本心から彼女が好きなのですが、彼女は愛の告白を単なるセリフとしか受け取らず、結局、他の道化役と結婚してしまい、彼は傷つき自暴自棄になる。アンデルセンは、近代童話の開祖といわれますが、じつは向上心とコンプレックスの塊のような人で、決定的な失恋もしました。彼の書く物語は悲しい現実と、それから死にまつわる物語が多いのです。

次に『ペロー童話集』です。ペローが童話集を書いたのは、半分、大人に向けて世間の批判をするための材料としてでした。というのも、ペローが生きた17世紀フランスには「古代現代論争」というへんな言い争いがあったからです。簡単に言えば、学者や文学者がギリシア・ローマの古典をありがたがり過ぎる風潮に対して、現代では田舎のおばあさんだってそのぐらいの話はしているぞ、と嘲笑《あざわら》いかえすための作品でもあったのです。

ペローは田舎のおばあさんが子どもに聞かせている下手な昔噺を、民衆文芸として収集するうちに、素朴な物語の価値を発見しました。ところが出版してみると、学会や教養層から、田舎の婆さんの語る話など下品で何の価値もない「おしゃべり」に過ぎないと酷評されました。

そこでペローは言い返します。「老婆が語るようなバカ話、俗っぽい下卑た話はやめろと、ギリシア、ローマ文学の権威を笠に着る古代派は非難するだろうが、ならば反論しよう。あんたらの信奉するギリシアやローマの作家が書いた高尚な『寓話』の内容が、いま、田舎の老婆が子どもに語って聞かせているバカ話と同じような下品な内容なのは、どういうわけか」と。古代の寓話の多くが、せいぜい、「とても貞節にみえる女こそ、不貞をはたらく可能性がいちばん高い」というような下品なことを教えるにすぎない、とも言ったのですね。

ですので、ペローが書いた童話集は、下品な話がたくさん出てきて、しかもそれを教訓にするというひねった仕かけになっています。浮気や不倫や人殺しなどは朝飯前です。ところが、いまの私たちはこの毒気を抜いて子ども専用の「童話」にしてしまいました。原典訳と童話仕立ての童話とを読み比べてみれば、その違いに驚くことでしょうし、読書の裏読み的なおもしろさもわかると思います。

『ほんとうは怖い〇〇童話』といったタイトルの本が流行した時期がありますが、原文を読む楽しみを知れば、自分の力でいくらでもそのような発見はできます。

●急所その4
本は自腹で買え　それだけ真剣に読みたくなる

自腹で買った品物に対しては、私たちはつねに厳しい批判者になることができます。入手するのにコストがかかっているからです。

腹を痛めず、たんに借りただけでは、どんなに不満に思っても、それ以上は追及する気になれないでしょう。ところが、お金を出せば、それに見合うメリットを追求し、よりふかく本を読みこむ気になります。

本はふつう、どんなに簡単に書けたとしても数か月を要します。その労力から考えて、1000円とか1500円という価格で買える本は嘘のように安いといえます。できれば、買って読みましょう。感動や不満も二倍になりますから。

もっとも、読書したいという「渇き」のような気持ちがあれば、借りるだけでも本を舐めるように読むことができます。

私は小学校のとき、戦争体験をもつ老先生から、一冊の本の大切さを聞いたことがあります。空襲で家が焼け、唯一持ちだせたのは国語の教科書だけ。戦争中でしたから本を買うこともできず、その一冊を大切に持っていたそうです。何百回読み直したかわからないけれど、読むたびにおもしろかった、と言っておられました。退屈の極みとも思える教科書でも、場合によってはおもしろく読めるわけです。

そういう意味では、本がない中で本をもとめた究極のような話が一つあります。

イギリスにA・N・L・マンビーという有名な書誌学者がいました。ケンブリッジ大学の司書として業績をのこし、とくに古文書の権威として知られております。この大学者が若いころ第二次世界大戦にぶつかり、陸軍の兵士となってフランスのカレーという重要地点をナチス軍から守るために出征しました。

ところがまもなく、ドイツ軍に包囲され降伏し、終戦になるまで捕虜収容所で暮らさなければならなくなりました。捕虜ですから本を読む環境にはなかったはずですが、それでも読書を欠かさず、とうとう同じ捕虜仲間を集めて読書会をひらいたり、お互いに所有本をだしあって収容所内に図書館まで作ってしまいました。ナチス軍もさぞおどろいたでしょう。

マンビーはそれでも読書の渇きを満足させることができず、最後には収容所内で雑誌を作り、捕虜に回覧するようになりました。この収容所内で発刊された雑誌は、今でもケンブリッジ大学図書館に保存されているそうです。私が感動するのは、捕虜の雑誌出版をナチスも認めざるを得なかったことです。よっぽど情熱があったんでしょう。それから、マンビーがこの雑誌に掲載した原稿の内容ですが、なんと、お化けが出てくる怪談を書いたのでした。いくらお化け好きのイギリス人とはいえ、命もあぶない収容所で怪談を書いていたというのは、みごとではありませんか。渇きさえあれば、どんな環境でも読書や執筆はできるのですね。

なお、マンビーのような書物愛の偉人について興味をおもちでしたら、ぜひおすすめしたい一冊があります。マンビー以上に感動をあたえる愛書人の伝記が収められています。紀田順一郎編『書物愛』（晶文社）という本です。海外篇と日本篇に分かれており、小説からエッセイまで、本を愛した人の話が満載です。

とくに司馬遼太郎も好きだったという伝記作家、ツヴァイクの「目に見えないコレクション」は傑作です。第一次世界大戦後のドイツ、インフレで物価が暴騰した中、ひとりの目が見えない版画コレクターの運命を語ります。家族が食うに困って彼の版画を売ってしまうのですが、彼に知らされません。でも、盲目の彼は自分のコレクションのすべてが頭にはいっており、どこに何があるか全部憶えていて、版画商が訪ねてきたときに、家族が渡した白紙の束を、実物であるかのごとく自慢するんですね。

書物愛好家の悲しい結末ともいえますが、実物をすべて記憶しているのですから、だれにも奪えません。ある意味で書物愛の「涅槃《ねはん》」郷ともいえます。かえって人の生き方の迫力が伝わってきます。ここに収められた話のような書物愛の実例を知るにつけ、みなさんもきっと、愛する本を一冊ぐらいは手許に置いておきたくなるはずです。

でも、たとえば安い文庫本や町の図書館でも読める本を、わざわざ自腹で買うのも芸がない話だ、その分で夕飯でも食ったほうがいい、という人の気持ちは、よくわかります。それは当然であり、しかも合理的な気持ちです。ただし、その合理主義を打ち破ってしまうような「必要性」がある場合ならどうでしょう。

先ほども申しあげたように、本も食べ物なのです。心にとっては、すぐに飢えを満たしてくれる即効性のある糖分のような食べ物なのです。たとえば、何か調べごとがあったり、意味を知らないことばにぶつかったとき、その「飢え」を満たしてくれるのが、本です。実際に腹は膨れませんが、心の飢えはしのげます。知りたくて必要なことがあれば、差し当たっては本を見るのが早道でしょう。

そんなとき、他人にごちそうになるより自腹で食べたい物を食べたほうが「歓び」が湧くことが多いと思います。

本を手許に置くことで歓びがあふれるような体験があったとき、本を自腹で買うことが身に付きます。それには、手放すことができなくなるほど愛せる本を手にいれてみることが、肝心なことだと思います。

ただし、本は読む以外にも、じつに大きな魅力を備えています。それは工芸品としての魅力です。美しい装幀《そうてい》、美しい活字、そして美しい図版や挿絵。そういう美術的な魅力を、本は500年以上も磨き上げてきました。つい最近できあがった電子出版が逆立ちしても、本の工芸的な魅力を超えることはできません。なぜなら、電子本は「物」ではなく、「虚物」つまりイメージにすぎないからです。ところが本は所有できる「物体」です。

私が本を買って蔵書にしている最大の理由は、まさにこの点にあります。我が家の書棚に並ぶ本を眺めますと、江戸時代の美しい版画刷の和本、印刷されていない手描き本、図鑑、挿絵本、そして現代から忘れさられた博物学書や妖怪本、古雑誌、古新聞など、ゴミとして廃棄されかねない古い紙ものです。これは、自分で所有しないとありがたみや嬉しさが実感できません。ためしに、その一部をご覧いただきましょう。みなさんも、きっと自分で所有したくなりますよ。

まずご覧にいれたいのが、江戸時代の民衆絵本「黄表紙」と、それに類した「草双紙」ものです。中身はひらがなが主体で、しかも話し言葉そのままが書かれており、全ページにゆかいな戯画が入っています。しかも内容は皮肉とユーモアにあふれたファンタジーなんです。私のお気に入りは妖怪が出てくるものなので、それを中心にいくつか御覧に入れましょう。

この本を書いた作者恋川ゆき町（34ページ参照）は、庶民向け絵入り風刺本の人気作者でした。武家とか貴族とかいう上層の人びとに「教養」と「洒落《しゃれ》」で恐れ入らせる黄表紙、草双紙の作者です。こうした本の元祖ともいえる恋川春町の門弟ですから、本流の人といえるかと思います。

師匠の春町は妖怪画で有名な鳥山石燕《せきえん》に絵を学び、戯作に狂歌など文芸の教養がすばらしかったのですが、松平定信の節約政策、幕府批判の書画の禁止政策を茶化したために呼びだしを受け、自殺したともいわれます。

弟子のゆき町も多才な人で歌麿に絵を学んだ人物でしたが、さすがにパワーはすこし落ちます。その代わり、小ネタがたくさん出てきて楽しい読みものになっています。

ある貧乏な男が江戸へ出てふとしたことから小銭を手に入れ、それをもとでに眼鏡屋になって、さまざまな眼鏡を発明して大金持ちになるという「わらしべ長者」みたいな話です。

江戸の庶民は、当時眼鏡に殺到していました。毎年何万個もの眼鏡がファッションとして輸入されており、みんな「伊達《だて》眼鏡」をかけていたんです。というのも、この時代の眼鏡はすべて老眼鏡というか、虫めがねのような拡大鏡でしたので、近眼の人がかけ

▲『栄増眼鏡徳』

ても変な見え方になるだけだったのだそうですから。

でも、伊達だから実用になるかどうかは、どうでもよかった。この風潮をからかった絵入り本なんですね。上に示した絵は、「八角眼鏡」をかけた図です。万華鏡を混ぜて造った眼鏡なので、かけると物が八重に見えます。これをかけてお座敷に出かけると、銚子一本たのんでも、仲居さんが八人でお銚子《ちょうし》を持って来たり、一人しか呼べない太鼓持ちも八人呼んだようになり、一緒に飲むお客も一人が八人に見えて景気が良くなる、という場面です。このほか、文字が読めるようになる眼鏡、源氏物語の切れ端な

▲『福徳寿五色目鏡』

どを混ぜた眼鏡で、文章がすらすら書けるようになる話など、抱腹絶倒です。

上の絵入り本も眼鏡ブームを扱った本です。私は数年前に江戸の眼鏡ブームの話をテレビでする必要が出て、黄表紙を読んでみたのですが、とにかくどれもSFでした。上の絵は、かければなんでも「視《み》たいものが見える」というすごい眼鏡を描いています。旅に行きたい人には富士山が見え、相撲見物したい人には取組が見え、ぐだぐだしながらいっぱいやりたい人にはお鍋が用意されるのです。

そして次ページの絵本が、お化けものです。美しい錦絵がたくさん入った本でして、

▲『百鬼夜行』

内容は、奥さんをないがしろにして遊郭通いする男どもと、それを迎えるお女郎とを、すべて化け物に見立てて、おもしろおかしく描いた風刺本になっています。

私はこのきれいな版画が気に入って手に入れました。でも、もっとすごい挿絵は残念ながら刺激が強すぎてお見せできません。

なぜなら、化け物の姿はみんな、男と女の大事なところを露《あら》わに描いた、非常に人目をはばかる絵になっているからです。ですので、私一人でしばらくは楽しむことにいたします。

それから、ちょっと趣向が変わって、洋

▲『世界一周航海記』

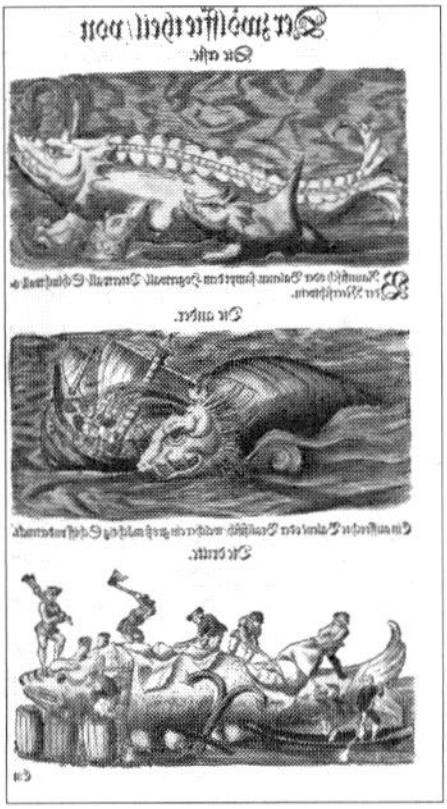
▲『動物誌』

書です。上に載せました二点の絵、左は、ロシアのレザーノフらが乗り込んで世界一周航海を敢行したときの旅行記です。

この船に乗ったラングスドルフという博物学者が、当時の辺境を描いて、たいへんに興味深い本になっています。

ついでにいうと、この航海には、日本に送り返される数名の日本人漁師（漂流者）が同乗しておりました。この仙台出身の漂流民は、日本人ではじめて世界一周をした人たちです。

私がとくに好きなのは、ジャン・カブリという名のフランス人を描いた絵です。この西洋人は、なんと、あのゴーギャンが渡ったマルケサス諸島に19世紀の初めに住みつき、現地民の社会に溶け込んで、マルケサス名物の刺青《いれずみ》を全身に施していました。

これを見た日本人漂流民は、「ここが鬼が島だったのか」と理解し、恐ろしくてだれ一人として下船しなかったそうです。この奇怪なフランス人はちゃっかりとこの船に乗り込み、フランスに帰りました。パリで南洋の刺青男として見世物にでたそうです。こういう話を仕入れるには、やはり当時の本を見るしかありません。

右の方は、有名な近代博物図鑑の第一号、コンラート・ゲスナーの『動物誌』です。初版はまだデューラーが活躍していた頃に作られ、たくさんの木版画が収められていきます。この図鑑には、恐ろしい怪物がいっぱい描かれていますので、これも大きな魅力になっています。

ここにお示ししましたのは、海の化け物、クジラの図です。これは想像図だ、と思われるかもしれません。でも、ゲスナーはこの図の価値をちゃんと知っていたのです。よくご覧ください。これらの怪物は、頭から潮を噴き上げています。しかも二つの「鼻の穴」から噴き出しているでしょう。あれは肺から押しだされた息です。

しかも、鼻の穴が二つあることも明示しており、別のページには子に乳を含ませている絵まであって、哺乳類であることを立証しています。ただし、この図は牙《きば》があるので、ハクジラと思われますが、ハクジラの鼻の穴は本来一つしかありません。

以上、示しました見本は挿絵本の一例ですが、どれも魅力にあふれていませんか。たとえ読むことが難しくとも、この挿絵だけでも所有する意欲が湧いてきます。とくに20世紀になる以前の挿絵本は、写真製版というシステムがありませんでしたので、浮世絵と同じ色刷り版画か、あるいはモノクロ版画に手彩色《てざいしき》(原図を白黒で刷ったものに手作業で彩色すること)をほどこしたものであって、確実に工芸美術ということができます。

いちど、こうした絵本黄金期の作品をご自分の手に取ってみてください。ほんとうに欲しくなりますよ。積んでおくだけでもうれしい本というものは、このような事例のものです。でも、挿絵本はほんの一例にすぎません。活字本にしても、その物質感は電子出版とはまったく別の「パワー」があります。

私はこの存在感ある本を、「魔法」の一種と呼んでいます。まず、このような「本のパワー」を味わうところから、書物と読書の長い歴史を知るのも必要だと思います。

●急所その5

世界の見方を一変させる「目から鱗」の本を探せ

本を読んで世界の見方が一変した、という体験もすばらしいと思います。私は何度もそんな体験があるので、一生本を読みつづけていくと思います。最初はだいたい、偶然にみちびかれて本に出会うのです。

私は子ども時代から怪談が好きで、どんなにバカにされても読み続けてきました。その結果、むかしはくだらない世迷事《よまいごと》と一笑にふされたお化けの本の大傑作を、自分ひとりで発見できたのです。上田秋成の『雨月物語』や平田篤胤《あつたね》の『仙境異聞』などで、霊の世界の奥深さに触れ、柳田国男の『妖怪談義』でお化けが日本人の研究に欠かせない資料だと知らされました。その執念が実って、怪談を書く作家になることができました。だから、マンビーの体験がよけいに心を揺するのです。

でも、私はなぜ怪談をはじめとする不思議を扱った本を読み続けているのでしょうか？

いろいろ考えて、出た結論はこうです。

「目から鱗が落ちるようなことが書いてある本」に、ときどき巡り会えるから。

たぶん、本がすごいのは、そういう心を揺すぶるような感動を、ほとんど苦労なく体験させてくれるからだと思います。

私はむかしから、疑問を持つのが好きな子でした。不思議なことが大好きでした。要するに、好奇心が強かったのです。納得しないと食い下がるので、先生や友達に「アマノジャク」と呼ばれていましたが、それでもかまいません。疑問は疑問です。教科書を読んでも、先生の授業を聞いても、納得できないことには首を振りました。

ならば、その疑問をどう解決すればいいか。私の場合は、本を探すことでした。それも、たとえば安い文庫本や町の図書館で読める本なら、一石二鳥です。本が読めて、しかも出費せずにすんだお金で夕飯も食べられるのですから。けれど、実際は、そううまくはいきません。適当な参考書もないような調べものやら知りたいことがあっても、図書館にはその種の本が所蔵されていないのです。あわてて大型書店に出かけてみてもダメです。古本屋を探しても、さらにダメ。

こうなったときには、もう自腹で本を買いまくるしかなくなります。じつをいうと、私も図書館で借りた本や安い文庫本でコトが済むようなら、ぜひそうしたいのです。ですが、私はあいにく、妖怪の本だとか、博物学の本だとか、あるいはピンナップ・ガールやセクシー・ガール図像の進化をさぐる資料だとか、水族館の歴史にかかわる文書だとか、どうやっても資料がみつからないテーマをたくさん抱えています。また、そういう「独自のテーマ」を持たないと、作家はご飯が食べられません。

そこで、毎日必死に本を読み、どこでも目についた本を、エイヤッと気合で買い込むことになります。「こちとら自腹」です。下手な鉄砲も数撃てばあたる、ということわざを毎日実践しているともいえましょう。ですので、「目から鱗」が落ちる名著に巡り会うと、もう感動も一入《ひとしお》です。そうした「目から鱗」の結論をみつけるまで問題を追いつめた一冊の本を読むと、その著者がいかに真剣に材料集めに奔走していたかが分かります。

たとえば、私は「流線形」のことを知りたいと思ったことがあります。１９２０年代に流行った高速が出せるカッコいい自動車や船の形です。もちろん、乗り物のデザインについて知るために工学系の資料を探せばいいわけですが、でも、それだけではだめでした。流線形は建築にも利用されましたし、女性の脚線美を褒める言葉としても使われるようになっていましたから。それで、女優さんのブロマイドや水着美人の写真まで集めなければならなくなります。

ところが、実際にそうやって流線形のことを研究した本がでました。原克《かつみ》著『流線形シンドローム 速度と身体の大衆文化誌』(紀伊國屋書店)です。

ちょうど私も女性のボディの流線形ファッションに関心があったときでしたので、今は故人になられた映画評論家の石上三登志《みつとし》さんにお願いして、日劇のダンサーがむかしほんとうに流線形の美脚だったかどうかを確認するために、『銀座の踊子』という古い映画のコピーを探し出していただいたりしていました。

ほんとに、こういう調べごとには見えないお金がかかるんです。いまは存在しない日劇の内部を、地下から屋上までぜんぶ見て、当時のレヴューの花形だった笠置《かさぎ》シヅ子の熱気にあふれた舞台を見まして、みなさん、健康そのもののダイコン足をされており、流線形の脚線美には程遠かったことが、よーく分かりました。日本では、むしろ脚や腰を単純に露出するだけで「流線形」を見せることになるのだ、という現実を知りました。まさしく「目から鱗」です。

この本は、ラインダンスの脚線美に関する考察まではなかったですけれど、科学的に進化形といえる流線形のボディーは、完璧であるがゆえに「隠す必要がなくなる」ことで、必然的に露出されるようになった、などという発言がおもしろかったのです。

流線形というのは、本来は物理的に抵抗を受けない形を意味していましたが、欧米ではこの理論が進化論や優生学といった生き物の分野にも浸透しました。その理屈から見ると、ダイコン足は進化形ではないことになり、生のままを人前にさらしていいのか、という後ろ向きの気持ちになったりしました。

でも、昭和25年の日劇ではダイコン足がたっぷり見られたということがわかると、これは「自腹の情報」いえ「自前の情報」になってきます。戦力になる読書です。

そういう「自前の情報」が満載されたこの本から、もう一例を引かせてください。

1930～40年代の日本に吹き荒れた流線形ブームの話が出てきて、日本の特殊事情が当時の挿絵とともに語られます。その量が尋常でないのです。北原白秋に「流線形知つてるか／知つてるよ、角々（かどかど）ないよ」と歌う詩があったそうですし、小説では、初の女流探偵小説作家、大倉燁子《てるこ》が『殺人流線型』（柳香書院）を書いたり、あの夢野久作が『超人鬚野博士』（春陽堂書店）で半裸の流線形美女を描いたり、若い男女の新しい交際のしかたを指南するガイドブック『流線型アベック』（小川武著、丸之内出版社）という本も出版されたそうです。

さらに歌謡では、小唄勝太郎が『流線音頭』、市丸が『流線ぶし』を歌って、大ヒットしたんだそうです。服部良一は『流線形ジャズ』を作曲したそうで、どれも聞きたくなりました。カフェでは、なんと「流線形サービス」なるヘンテコなモノまで登場。要するに日本では、流線形が「色っぽいこと」のキャッチコピーになってしまったんです。ダイコン足でも「なまめかしく露出する」場合には、流線形と銘うったほうがいいということが、確認できました。

それから、先ほど『書物愛』というブック・コレクターの伝記を集めた本を紹介しましたが、その編者である紀田順一郎さんの書かれる本も、私にとっては、すべてが「目から鱗」の一冊でありました。そもそも私は、こういうふうに古本屋をまわりながら自身の資料を集められた評論家・紀田順一郎先生の門弟でありまして、高校生の頃からご指導を受けてきました。紀田先生のことはあとで詳しく語りますが、私が知る限り日本最高の読書人です。先ごろまで神奈川近代文学館の理事長を務めておられました。その紀田先生から、神田古書街の巡り方を伝授していただきました。

紀田先生の本は、どれも自前の内容で、いつもおどろかされるのですが、たとえば『書林探訪——古書から読む現代』（松籟社）には、「古書から現代を読む」という得がたい方法が実例とともに紹介されています。古書といっても、足で回って巡り合った「有名でないが重要な本」ですから、紀田先生でないと取り上げる人がいないものが多いのです。

この本は、読書人を志す人たちへの、大きな教訓を含んでいます。それは、読書が新刊本を相手とし、多くは小説を楽しむもの、と暗黙に定義されている現状への警告です。どの新聞雑誌にも書評はありますが、新刊しか相手にせず、古書はまるで現代には無用の長物であるかのように扱われていますね。しかし、この本を読めば、「古書からでも現代が読める」ことを確認できます。そして、自分も古書店めぐりをしてみたくなるでしょう。

たとえば、しばらく前の大災害、スマトラ沖大津波が起きたときに、明治時代の雑誌『風俗画報』の記事を紹介されたのです。明治二十九年の三陸津波の惨状を、こんどの大津波と比べてみて、両方に重なる問題を発見されたのです。

明治二十九年の災害で、被害を受けた唐丹《とうに》村の鈴木琢治というお医者さんが、村人を救済介護するボランティアにたちあがったそうです。災害後の大混乱で隣村が無政府状態となったので、鈴木医師は、「命に服さない者は銃殺に処す」という文章をいれた救難憲法をつくり、食糧の確保に奔走したというのです。

私も調べてみましたら、大正大地震のとき復興の陣頭指揮に当たった後藤新平も、売り惜しみや便乗儲け、身勝手な行動に出る者は一切許さないという強いメッセージを発していました。大正天皇も国民全員で被災者を支えようというメッセージを出しているんです。ちなみに、後藤新平も愛知県医学校を出たお医者さんです。こういう事例の紹介は役にたつのに、新聞雑誌はほとんど言及しませんでした。

ちなみに書きますが、こうした戦争や災害にあって、敵味方を区別せず、被災者やけが人を救う先頭にたったのが、医者だったことは、私の心に響きました。そして幕末から明治にかけて活動した医者の多く、とくに蘭方医は、幕軍と官軍どちらの側でも戦場の医長として活躍したのです。

官軍側では、徳島県でいまも「関明神《せき》」といって神様になっている庶民を助けた医師、関寛斎が活動しました。幕軍のほうは松本順庵で、関と同じく長崎で外国人医師ポンペに西洋医学と「博愛精神」を学んだ同僚でした。

また函館に築かれた五稜郭政府の院長を務めた高松凌雲《りょううん》は、留学先から戻されたその足で函館に向かった蘭方医です。凌雲も函館戦争では官軍賊軍の区別なく負傷者の治療にあたりました。災害や内戦のとき、命を賭して傷病兵を救ったのは医師だったのです。私は紀田先生の本で得た「目から鱗」体験を基本にして、ここ5年ほど、日本の動乱時代を救った影の功労者に強い関心を抱いてきました。

それからアテネでオリンピックが開催されたことがありました。じつは私も聖火ランナーに選ばれて、アテネの街を走ったんですよ。ジャッキー・チェン率いる香港チームに聖火を受け渡す役をさせてもらったんですが、そのとき紀田先生はアテネについて『明治文化資料叢書』という本でみつけたエピソードを書いておいでです。これが驚くべき歴史秘話を含んでいるんです。

アテネは近代オリンピック第一回大会の開催地で、これを統括したのがジョルジュ親王という王族で、オリンピック大会の審判長を務めました。この親王は、甥《おい》にあたるロシアのニコライ皇太子と仲がよかったそうです。そして日本人にとっては、ロシアのニコライ皇太子ほど忘れられない海外王族も、存在しないでしょう。

ニコライは日本びいきで、極東視察の折に非公式ながら軍艦で来日しております。あのピエール・ロティの名作ロマンス『お菊さん』を読んで、日本のムスメにあこがれていたそうです。この皇太子のお付きで来日したロシアの役人が、長崎で日本女性との間に設けた児《こ》が、希代の異色作家といわれた大泉黒石《こくせき》です。そして黒石の息子が、コミカルな演技で人気があった俳優の大泉滉《あきら》さんなんですよ。人のつながりって、探れば探るほどおもしろいですね。

さて、話を戻しましょう。そのニコライ皇太子が大津を観光することになったのですが、そこで大事件が起こります。なんと日本の警官が皇太子に切りつけたんです。暗殺未遂です。このときたまたま同行していたのが、ギリシアのジョルジュ親王だったそうです。親王は、あわやという瞬間にステッキで相手を打ち、凶行を阻止しました。それでもロシア皇太子は負傷し、明治天皇がわざわざロシア軍艦を訪れてお詫びしたり、犯人になりかわって謝罪の切腹をする女性も出たそうです。これを「大津事件」といいます。

しかも、紀田先生はジョルジュ親王がなくなる前に、「生涯でいちばん印象に残ったのは大津事件だ」と言われたことまで、お書きになっています。その妃のマリーさんが一九六〇年に来日したとき、亡き夫の思い出に残った大津へ、まっ先に出向かれたそうなのです。

こんなエピソードを読みながら、今度の東京オリンピックを考えるならば、オリンピックへの興味も倍増するでしょう。古書を活かすとはこういうことかと、感嘆する一冊です。

もう一冊、文字どおり「目から鱗」が落ちた本をご紹介しましょう。こんどは生物学です。この本は読書をすすめる本ですが、著者である私が無類の動物好きなもので、一般の読書ガイドとは異なり、生物学・博物学の本をたくさん紹介することにいたします。

その本とは、アンドリュー・パーカー著『眼の誕生 カンブリア紀大進化の謎を解く』（草思社）です。この本は、動物になぜ眼があって、植物にはないのか、眼ができたおかげで動物は大発展をとげたということまでが、ほんとうによく分かります。文字どおり「目から鱗」の本です。あとでくわしく紹介しますが、一つだけここでお話ししますと、人間のように物の形を識別できるためには、眼があるだけではダメで、一緒に脳もないといけないのです。じつは形を見ているのは、半分「脳」のおかげなので、脳のない植物には目もできないのです。

また、それだけではありません。眼が見えれば追いかけたり逃げたりできるようになるので、動けるという特性も生まれます。ただ、問題は動くための効率よいエネルギーが必要になります。動物はそれをどこから得るのか。ここで動物は植物の力を借りなければいけなくなります。植物は動けませんが、光合成によってエネルギーはつくれるからです。このようにして、「眼」に注目することで、生物の本質がはっきり見えてくるのが、おもしろいのです。

心にいつも疑問を持ち、本はなるべく自腹で買う。私はいまもこの姿勢で暮らしております。ただし、だれにでもおすすめできることではありません。家族がある人は、迷惑がかかるので、よく相談してから、本を買う優先度を決めましょう。家族を泣かせてまで買い漁《あさ》れば、それは愛書家ではなく、書痴《しょち》、書狂、書顛という批判を受けることになるでしょうから。

ボーイズラブも好色一代男も、おもしろくなる読書

私がむかしから疑問におもっていたのは、地球になぜ生物が誕生したか、という問題でした。地質学とか進化論とか、神学とか哲学とか、なんでも読みましたが、ぜんぜん納得できません。わずかに、人間はなぜ異性に魅《ひ》かれあうのか、という疑問だけは、高校のときに納得のいく答えが得られました。それはプラトンの『饗宴』という対話編を読んで知ったことです。

あなたがもしも恋愛論を読みたいのなら、私は『饗宴』一冊だけをおすすめします。あとはまあ、どうでもいいものです。どんな恋愛小説もエロ本も二千年以上前に書かれ

た一冊のこの本にはかないません。

この本はボーイズラブ、すなわちホモセクシャルを最高の愛の形態と考えていたギリシア時代の本ですから、最初はボーイズラブ礼賛です。でも、途中で話が変わります。

アリストパネスという人物が思いもかけない持論を言い出すのです。

「諸君、人間はそのむかし、男と女が合体した球体の生物だったことを知らんのか。人間が知恵を使って神を乗り越えようとし出したので、神は怒り、人間を二つに割いてしまった。以来、われわれは自分の片割れを求めて探し続けている。つまり、完全な人間の状態に還ることへの欲望こそ、エロスすなわち愛なのだ」

これに続けてプラトンの師匠であったソクラテスが立ち、こんな話をします。

「愛は、まず肉体の美に魅かれ、肉体を愛することから始まり、やがて魂の結びつきに至る。これが愛の幸福を得る正しい道」であると。

私はこの話で、愛の本質に納得が行きました。ボーイズラブのことは、まだどうもよくわかりませんが。

この本で読者にお伝えしたいことは、まさに、そうした「本」の美味しい食べかたなのです。いちど味を覚えれば、あとは放っておいても読書がしたくなり、その栄養が身に付くようになります。本を探し、読み、それを栄養にまでするのは、むずかしいといえばむずかしいですが、これも体を作りすこしでも逞《たくま》しく生きるために、私たちががんばっている毎日の普通の食事だと思えば、たいしたことはありません。三度三度ご飯を食べることと同じになります。

●急所その6
毒本、クズ本でも、薬に変えられる

最後のポイントは、くわしく説明するまでもないでしょう。読書は「出会い」でもあります。恋愛も出会いから始まるように、読書も本との出会いから始まります。自分でみつけることが大切です。

これは、みなさんをおどろかすような話かもしれませんが、本書のキモでもあることですので、ここに明言しておきます。本との出会いは「よい本だけに巡り会うのではない」からこそおもしろいのです。私は、紙クズみたいな、ゴミみたいな本でも、素人が制作したチラシやガリ版刷りのような簡単なものでも、そういう「品質」には関係のない、ある種の魅力がかならずある、と考えています。本はクズでも宝になり得るのです。

そのことは、まだ未発見の資料を集めたり、特別な分野にかかわる探し物が必要になったときに、いやというほど実感します。ゴミやクズであるほど、実際に探そうとするとみつからないからです。

たとえば漫画雑誌です。あらゆる本を所蔵していると思われている国会図書館でも、戦前の安っぽい漫画本を探そうとすると、じつはみつけられません。それも大切な本だ、という認識がまだなかったために、収納されていないからです。

私自身も、毎日必死に探しているのは、いまや、雑誌や新聞や、広告の切れ端や映画プログラムのような「紙クズ」類なのです。

つい最近、私が体験したことをうちあけましょう。ちょうどクリスマスの頃でした。大阪で恒例の、有力な古本屋さんたちが年に一回連合してクリスマスカタログを出す、即売イベントがあります。いつもカタログを送ってもらえるので、探しものがひょっとして出ていないかどうか熱心にカタログを見ます。そのカタログの中に、一目見ただけで飛び上がったほどの得難い出物《でもの》がありました。それは、たった一枚のビラなんです。ビラはビラでも明治時代の広告ですから、それなりに価値はあります。でも、その内容が驚くべきものでした。

これは、私にとってはカタログに載っていた全商品の中で一番の珍品ともいえました。というのも、そのビラが、これまで実在したのかどうかすら明らかにできなかった幻の水族館、明治30年代に大阪新地に開業した「大阪水族館」の広告だったんです（次ページの図参照）。

こんなビラ一枚、関心のない人には用無しの紙クズですよ。でも、この水族館が実在した証拠を探していた私には、10万円出しても購入したい紙クズです。ただ、このカタログは差値で競り合うオークションではなくて、連合の図書販売会だったために、大金を出せば買えるのではなく、希望者が複数になる場合は抽選ときまっていたのです。

自慢ではありませんが、私は抽選に当たったことがありません。私の前から、即座に希望が消えました。それでも、すぐさま書店さんに電話して注文しました。しかし、希

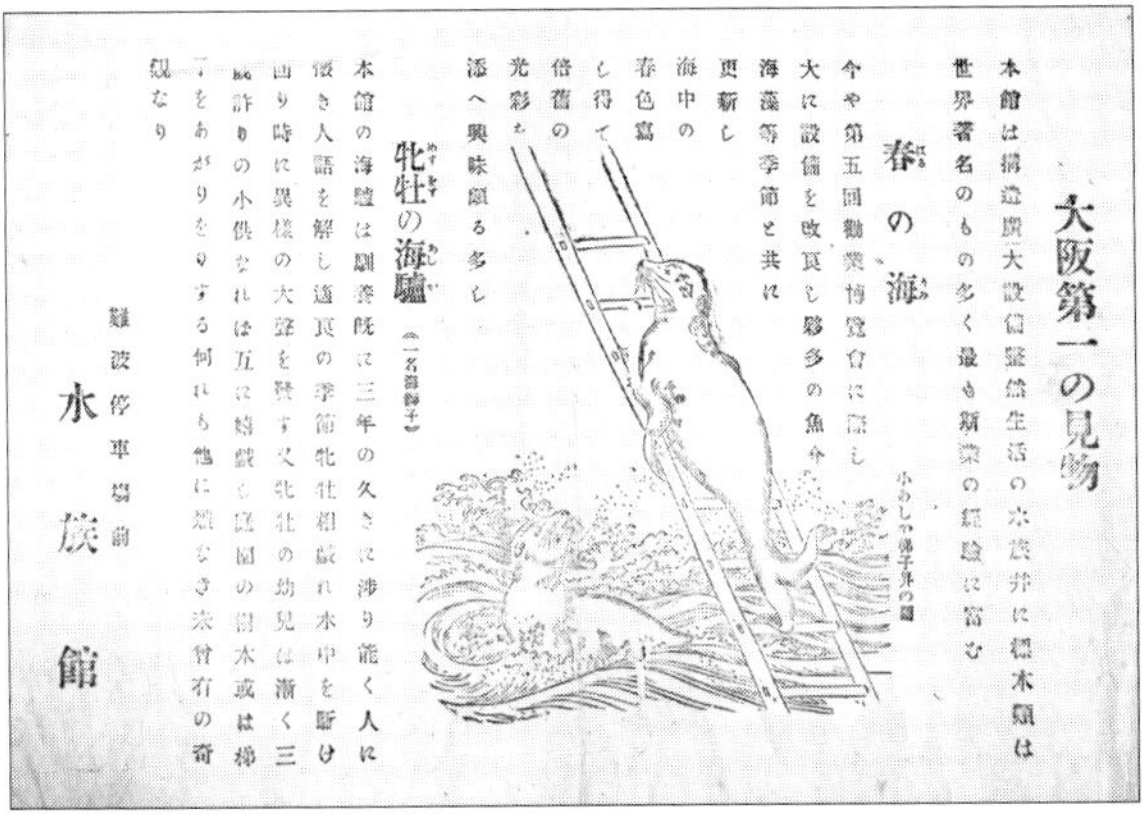

▲「大阪水族館」の広告（明治期）

望者が別にいたら、抽選になる運命です。私は長年の体験で、水族館史の資料を集めている人が日本に数人いることを知っています。まちがいなくバッティングでしょう。

日本の古本屋っていうのはどういうわけだか、抽選が好きですね。たとえば3人がこれを買いたいと名乗り出れば、即売会を開く日に、抽選をするんです。厳正を旨としていますから、結果はわかりません。ちょうどクリスマスの日でしたか、そこで抽選結果が分かるときです。もう待ちきれなくて、夜も寝られませんでした。ところが運悪く、実家で病人がでたり、年末仕事が重なったりで、あまりの忙しさにビラのことをうっかり忘れてしまいました。あれだけ望んでいたのに、歳はとりたくないもんです。三歩歩いたら、ほんとに忘れてしまったんです。やっと思いだしたのが、12月28日！

あわてて郵便やメールなどを見たんですが、お店からは音沙汰がないんです。

籤運《くじうん》がないうえに、もしかしたら当たっていた可能性も、これで放棄してしまう破目になりました。すでに抽選日から5日経っても連絡を入れていないのですから、当然その品は次の希望者に譲られたに決まっています。それでも私はあきらめきれず、書店さんに連絡をいれました。そうしたらですね、当たっていたんです、私が！

「えー、そうですか‼　ありがとうございます。じゃあ、さっそく引き取らせていただきますので、ビラを送ってください」と、電話口で頼み込みました。すると、お店の奥さんがちょっと意外そうな声で、こう言われるんです。

「あの、現品はもうございませんが」と。

ここで、私はふたたび地獄に落とされました。やっぱりそうだ、抽選結果の問い合わせも送金もしてないのだから、権利放棄とみなされ、別のお客の手にうつったに違いない、と。それでもあきらめきれないので、私はご主人の帰りを待って、再度電話しました。もう現品はなくなったことを確認するためにです。すると、ご主人が困ったような声で言われるんです。

「おかしいですね。現品はあなたのところに5日前におおくりしましたよ」と。

聞けば、あのビラ一枚に異様に固執していた私のことを気にかけて、売り先が決定したその日、すぐに私に送ってくださったというのです。ところが、私は代金を先払いしないと本は送られないとばかり思っていたので、郵便物にまで注意を向けていませんでした。

一家総動員で現品を探したところ、書店さんの大きな封筒が他のダイレクトメール類の中に混じっていたのを、妻が発見してくれました。それも、不用の郵便物を古紙としてゴミ出しする寸前で！

こうして、幻の水族館資料はようやくのこと、我が手に入ったのでした。これは笑い話ではありません。たかがチラシ一枚でも、百年経てば宝になるという実例です。資料集めがあると、本を買うことがとうとうゴミ集めに近いことになるのです。

この実例は研究資料の話でしたが、小説を書く場合にも、資料集めはいつもこのような修羅場であるといえます。話にできるような珍資料、つまりネタがないと、どうしようもないわけですよ。フィクションとはいえ、何かネタがないと何も書けないんで、だいたい常に、次に書く小説の題材になるようなものをウの目タカの目で探してるわけですよね。

特に必要としていたものっていうのは、探すとなかなかみつからないんです。たとえば、時代小説の司馬遼太郎さんが、本屋の一棚ぜんぶ本を買うなどという方法を取ったそうですが、分かる気が致します。出会いをより可能性の高いものにしたかったのでしょうね。まさに地引き網での一括確保ですものね。

その意味で本集めは本の出会いに欠かせない手段です。結婚でいうなら、恋愛結婚などというパーソナルな手続きではだめで、手広くお見合いをするのです。司馬さんの場合なんか、集団お見合いですよね。

結婚といえば、ふつうは恋愛がおすすめですが、見合いは見合いで、これまたとてつもない掘り出し物にぶつかることがあるのです。ちなみに、私は実際の妻さがしも見合い結婚でした。

見合いということを、もっとひどい言葉に置き変えましょう。たとえば恋愛合戦に負けて売れ残った男女が、もうこうなったらだれでもいいから運を天に任せて見合い結婚しよう、と考えたとします。最近は見合い結婚を「条件の良い相手」を選ぶ場と考える人も多いですが、現実は残り物という部分もあります。現に私もそうでありました。相手がみつからないので、友人にお願いして紹介してもらったわけです。

でも、失礼な話かもしれませんが、だから大当たりにぶつかることができるのです。たとえば私の場合、体は丈夫ですが、姿はハゲ・デブで、女性の美意識をくすぐりません。それに貧乏自慢です。車も運転できず、スキーやゴルフもしたことがありません。それでもいいや、と諦めて、あなたがこの人を結婚相手と決め、貧乏でもつましく生きて行こうと思ったとします。

そうして結婚してみたら、この相手はなんだか妙に本好きで、変わったことばかり勉強していました。ひょっとしたら、とあまり期待もせずに暮らしているうちに仲良くなり、そこへうまいこと時代が追いついてくれて、あるとき相手が本を書いたらヒットしてしまいました。そんなことって、あり得るのです。

ある意味で、逆転です。同じことが本にもいえるでしょう。

売れそうになくて、小難しそうで、なんの関心もないことを書いてある本。ふつう、パスですよね。ところが、あるとき必要になって読んだら、とんでもないことを教えてくれて、問題が解決したり、新たな関心事がうまれて世界がひろがる。

そういう捨てられた本、さげすまれた本にも、眼を注ぐ読書が、じつは重要なのです。

クズか宝かを決めるのは、自分である

私はここで、すこしだけ意地悪いことをお話ししなければなりません。それは、まわりの評価を最終的には優先させるな、ということです。

本がおもしろいかどうかは、最終的に自分がきめる。それが正道だと思います。たとえ、世間でバカにされていた本でも、あなたがそこに「宝物」をみつける可能性はのこされています。じつは私は、それまで役に立たず、古臭い、と酷評され、ついに忘れ去られた本を、一生かけて掘り返してきたのかもしれません。たくさんの収穫物がありま

したから、ここでもすこし紹介いたしましょう。

まず、すでに存在しなくなったソヴィエトの話をさせてください。こう見えて私は、もうだれも何も言わなくなったソ連という政体に、大きな関心を持ち続けています。なぜなら、あの国は20世紀における宇宙時代に似つかわしい「未来実験場」だったからです。

私がそういうことに気づいたのは、あのレーニンが書いた著作『唯物論と経験批判論』(岩波文庫)を読んだせいでした。え、そんな化け物みたいな古い本はやめてくれ、って。いえ、そうではないんです。この本はある種の「トンデモ本」の要素をもっているんです。というよりも、当時のソ連に満ち溢れていた空想的な科学理論の批判書だったと言うべきでしょうか。

岩波文庫に入っていますが、訳文は硬いですし、なにしろ政治的な話題がたくさん出てきますから、私も半分以上はよくわかりません。でも、ポイントを絞ればおもしろい話題にぶつかります。私は「未来科学」というSF的な興味で、これを読んでみました。

みなさんも、騙《だま》されたと思って読んでください。え、レーニンをSFにしちゃっていいのかって? そうです、いいんです。

レーニンという人は政治家として有名ですけれども、お父さんは物理学者、お兄さんは動物学者です。しかも弟が医者で、レーニン自身も学生時代は神童と呼ばれた秀才でした。したがって科学にもくわしかったし、科学的な未来国家を建設しようというソ連の方針は、レーニンの経歴によく合っていたわけです。この本も革命騒ぎの中、1909年に書かれました。

しかし、こうして誕生した科学国家ソ連では、レーニンもおどろくような科学者がたくさん出て、それぞれに未来国家造りのアドバルーンをうちあげました。なかには唯物論でなく、オカルト科学みたいな突飛な新科学を主張する人も、おおぜいおりました。そこでレーニンは怪しい科学者を批判し、「正しい唯物論の科学」を明示する必要に迫られたのです。とうぜん、へんな理論は厳しく槍玉にあげました。

でも、おもしろさからいえば、レーニンに名ざしされたトンデモ科学者のほうが、はるかに魅力的だったのです。いわば「SF科学」の醍醐味ですね。当時もっともレーニンが敵視したのはドイツで興ったマッハ主義やアインシュタインの相対性理論でした。音速の単位になっているマッハです。そのマッハ派は物質も最終的には感覚や脳の産物と見て、「物質は消滅した」といい、アインシュタインは「物質はエネルギーと相互に変換できる」二面的なものだと考えました。これをレーニンは、要するに「物質なぞ存在しない」という結論として受け取ったのです。これは唯物論すなわち物質は人間の脳の外にちゃんとあるとする哲学にとって、一大危機です。

そこで、そういう「えせ科学」をかたっぱしから叩いていくのですが、そのなかにボグダーノフという人がいて、マッハ主義を参考に、共産主義という国家形態は各人が社会組織の成員となって一元的につながることであるが、現状では人びとが心を一つにするという心理学的な意味で一元化しているだけにとどまっている、と言いました。つまり、共産主義の現状は物質的な国家でなく心理的な国家だ、というレーニンが嫌いな心の問題を持ちこんでいたのです。

ボグダーノフはさんざん叩かれ、レーニンの支配するソ連を逃れ、のちには真の共産主義は心だけでなく遺伝子や血液も共有するものでなければいけないという、まさにマッドサイエンスそこのけの考えに転じるのです。そして、国民が血を共有するための実験を開始し、不幸にも実験に失敗して死んでしまいます。

私はレーニンのおかげで、当時のマッドな科学者に大きな関心をもちました。そうすると、次にテルミンという、これまた奇妙は化学者を発掘したのです。テルミンは今、世界最初の電子音楽を発明した人として知られ、その名もテルミンという楽器が日本でも販売されています。のこぎりが震えるような奇妙な音を出す電子楽器です。

むかし、この原始的な電子音楽に心魅かれたヒッチコック監督は自分の怖い映画『白い恐怖』で、ダリの絵とテルミンの音楽を使っています。なにしろ、電子楽器に手を触れることなく演奏できるという、心霊術みたいな楽器なのです。

テルミンは、この発明を「音楽の革命」と評価してくれたレーニンに好意をもち、電子の力を死体蘇生《そせい》にも活用しようとしました。生物の細胞組織を冷凍保存する方法も研究しており、永久凍土の中でみつかったマンモスの蘇生に挑戦したこともあります。彼はレーニンの死体を冷凍保存し、医学が発達し死因を除去できるようになった未来に、ふたたびレーニンを解凍するという方法も提唱しているんです。さすがにソ連の幹部から断られましたけれども。

でも、今レーニンの遺体がエンバーミングという処理技術法で腐らないようになっていることはご存じですね。このくわしい顚末《てんまつ》を『レーニンをミイラにした男』(文春文庫)で読みましたが、ソ連はたしかに死体保存王国ともいえる発展をとげたのです。

しかし、もっとまともで、現代にも恩恵を与えているソ連時代の科学者がいます。ツィオルコフスキーというロケット研究家です。彼はまだ飛行機が空を飛んでいなかった19世紀の後半に、早くもロケットの理論を考え、宇宙旅行が可能であることを宣伝した人物です。ソ連が未来国家であった理由の一つは、宇宙飛行に成功したことですが、その基礎を築いたのがツィオルコフスキーでした。この前ひらかれたソチ冬季オリンピックの開会式でも、ロシアの偉人をアルファベット順に紹介するコーナーで、この人が登場しておりましたね。

奇跡的なんですが、日本でもツィオルコフスキーの代表作品が翻訳されています。『わが宇宙への空想』と題され、理論社から1961年に刊行されております。飛び切りお

▲『わが宇宙への空想』

もしろい宇宙旅行ファンタジー集です。ツィオルコフスキーは初期に、宇宙旅行の可能性をSF小説を書くことでひろめたんです。この本などは、珍本中の珍本で、ぜひとも復刻してもらいたいと思っています。

なかでもおもしろいのは、翻訳書にも収録された『わが宇宙への空想』です。

彼はここに「重力が嫌いな人」を登場させ、無重力の宇宙こそ未来の居住空間である理由を述べさせます。それによると、人びとが土地を自由に買えないのも、交通事故が起きて道路が渋滞するのも、年をとって歩けなくなるのも、地震や大津波がおきるのも、みんな重力が作用しているせいだ、と論じます。ならば無重力世界である宇宙に進出することがソ連的な未来国家のヴィジョンである、という発想です。なるほど、まさに「目から鱗が落ちた」本の一つです。

ツィオルコフスキーが現状の世界を「意志も行動も自由に実現できない地上という不完全な重力生活空間」と考え、逆に未来を「自由な無重力解放世界」と捉えたことは、レーニンも大喜びしそうな発想でしょう。

人工衛星、宇宙ステーション、宇宙エレベーターなどの構想もこの人の創案になり、1957年にスプートニク一号を打ち上げたソ連は、ツィオルコフスキーの業績を記念して、彼の科学ファンタジーの大部分を収める記念出版『宇宙の呼び声』（アカデミア・ナウーク）を出版しました。同書に収録された序文は、はじめて読んだときに泣けてきました――、

「地球を離れて宇宙旅行をするという夢を私がいだきはじめたのは、まだ十七才の頃からである。一八九五年には『地球と宇宙にかんする幻』という本を私は書いた。惑星間飛行をテーマにしているような空想小説は、大衆のなかに新しい思想をもたらしてくる。こういう空想小説の執筆者は有益な仕事をしていることになる。かれらは、人びとの関

心をよびおこし、脳の活動をかっぱつにし、偉大な計画の共鳴者や未来の参加者たちを生みだすことに力をかしているからだ」（早川光雄訳）

これ、ロケットを飛ばすことを独学で研究した人の言葉です。SFの世界でもなぜもっと、この人が日本で注目されないのか、不思議でしかたないんです。

ツィオルコフスキーにはロケットが共産主義完成の鍵だったんですね。当時ロシアで一番苦労していた問題は、地主が地所を全部押さえて、小作農が自前の農地を持てないでかわいそうなことになっていることでした。

何がいけないのか。彼は、重力のせいだと思いつくわけです。重力があるために地球の地面にへばりつかなきゃいけない。もし重力がなければ、たとえば小作の人なんかは空中に家を造ればいい。空間全部を動けるようになれば、つまり3Dになれば、私たちはいろんな「土地の呪縛」から解放される。これこそ新しい世界なんじゃないか。重力に打ち勝つためにはどうしたらいいかといったら、無重力の世界に行くことしかないのです。

●急所その7
読書をおもしろくさせる「おもしろ感度」を磨け

どうでしたか、ソ連共産主義も、政治的な問題からはなれて読書すると別の興味がわきますよね。こうしたことは、やはり、原文に直接当たらないと発見できないおもしろさなんです。

でも、私は別に天才じゃありませんから、計算してこのような珍本を発掘したわけではないのです。言い換えれば、すべては偶然の発見でしかありません。しかし、偶然でもなんでも、そういうことが起きてしまうための準備だけは、やっておくべきでしょう。

さっき、お見合いの話をしたんですが、あれに関連させて言いますと、やはり勝負は勘です。数字や確率にあらわせないメリットを相手がもっているかどうかは、勘で見きわめるほかありません。

では、その勘をどうやって手にいれるのか。そこで話が戻ります。やはり、経験なんです。場数なんです。さんざ失敗するうちに、わかってくることなんです。

このセクションは、そうした本探しの醍醐味を感じるためのアドヴァイスになります。すでに読書のおもしろさを知った人には読んでいただく必要もありませんが、どうしても読書に慣れない、うまくできない、という人には、ぜひ一読してほしいと思います。というのも、読書にはメリット・デメリットがあるからなのです。

まず本の中に隠れている埋蔵金を嗅ぎ当てるコツは、偏見をもたないことです。いままでは、読書はいいことだとだけ教えられてきたのではありませんか？　ですが、それは間違いです。読書にも問題点はいっぱいあります。普通の食事だって、美味しいからといって食べるに任せていたら、健康を損なったり、病気にかかったりしますからね。読書も同じで、生活習慣病もあれば、子どものときにかかりやすい病気もあります。依存症だってあります。

そうした問題点をきっちり理解しておくことで、読書への不安や疑いも解消していけると思います。そこで、本を読むことのデメリットをはっきりさせておきましょう。私がよく言われるのは、本を読みすぎるとヘンになる、ということです。

せっかくですので、私が敬愛する読書人のお一人をここで紹介させてください。最近慶應義塾大学文学部を定年で辞められた髙宮利行さんです。

この先生とは古く、また奇異なきっかけで知り合ったのですが、本の集め方も読み方も桁外れで、その食欲たるや途方もないものがある方です。それでいて書斎にこもっているわけではなく、現在は「慶應愛書家倶楽部」を組織されて、内外の愛書家や書誌学者を招いては、非常におもしろい会合を主催されています。おまけに古書のオークションまで開いておられます。学生を引き連れて神田古書街を探訪する姿もたまにお見かけいたします。すごすぎて、ヘンなのです。

じつは髙宮さんにはじめてお会いしたのは、イギリスのケンブリッジでした。お互いに古本漁りをしている最中に、遭遇したのです。たぶん、どちらも30歳前半だったのではないかと思います。

髙宮さんの本漁りは、まずカタログから始まります。だれだれの署名が入った本だとか、何ページ目に書き込みがあるだとか、在庫品の中まで知ってしまうのです。買わない本（！）までよく知っているうえに、たぶん古書店主とのネットワークを持っているのでしょうが、作家や本屋の裏情報までよく通じています。それでも、暇さえあれば古書店を回って一冊一冊改めるのです。そして、本屋の主人も気づかなかった事実を発見します。何しろ書誌学を習得するためにケンブリッジ留学を果たした人ですから、完全に趣味と実益が一致した毎日だったのでしょう。

それでも、ケンブリッジで会ったときの髙宮さんはまだ、物識りの研究者といった様子でしたが、20年ほどして東京でお付き合いを再開したころは、もはや読書の達人、本集めの師匠という貫録にあふれ、どんどんとお弟子さんやお仲間をさまざまな分野に送り出していました。書誌学や中世英文学の研究家として世界的に名を知られる人ですが、分野が特殊すぎてこれまでは一般には知られていなかったかと思われます。しかし勤務先だった慶應大学では講義・説教とも超おもしろい名物教授で、同大学の貴重古書のデジタル化を推進し、最近は学生を引き連れて神田神保町の古書ツアーまで開催する、活動の人に変身しています。

そして、長年蓄えた読書秘話をつぎつぎに公にして、一般読者にも積極的に発信してくれるようになりました。その一冊、『本の世界はへんな世界』（雄松堂書店）は、もうあきれ返るような読書人の生活ぶりを論じています。ヘンな世界であることは、書名も証明しています。まさに体験量と場数の多さが、人をして本読みの達人たらしめるという事実を立証するような内容といえましょう。どんな話題も自分の関心分野に引き込んでしまうのです。

その本の中で髙宮さんはまず、「へんではない学者など一人もいない」と断言され、その基本には、ドン・キホーテのように本を読みすぎて実社会のつまらなさに我慢が出来なくなったことがある、と解説します。で、本を読む仕事を背負っている大学の人びとの奇妙奇天烈な行動を紹介します。

思わずウーンと唸ってしまう逸話の一つは、『ケンブリッジ夜の登攀者』(未訳)という奇書を紹介した話でしょう。毎年冬の夜中に、よせばいいのに、大学の尖塔《せんとう》などによじ登って、運が悪いと退学をくらうバカげたチャレンジを実行した闖入《ちんにゅう》者たちの記録です。どこの大学でも、夜中に全裸でマラソンしたり、女子寮に大挙して押しかけたり、へんな秘密結社をつくったりする「人騒がせ」が伝統になっていますが、あれですね。

ケンブリッジでは、冬の真夜中に、高い塔へよじ登る学生がいるんです。まったく意味のない冒険を退学覚悟で実行した学生たちの記録を集めたのが、その本なのです。なんでも、その中にはエベレスト初登頂に成功した英国遠征隊員も含まれているそうですから、大したものです。

でも、私たちは思いますよね。どうして、頭がいいはずの彼らが、こんなバカなことに熱中するのか。ここまでなら、高宮さんでなくても、変な本ばかり集めている私のような物好きでも、お話しすることができますが、高宮さんはケンブリッジの留学時代、たぶん私と初めて会ったころに、このイベントの真相をちゃんと突き止めていたんです。まあ、高宮さん自身が塔によじ登る類の冒険までしていなくて幸いだったですが。

高宮さんは、クリスマスになるとどこからともなく奉加帳《ほうがちょう》が学生間に回されるところを、実際にケンブリッジで見ていました。そこには、あっと驚く蛮行に成功したら人助けの寄付をしてくれ、と「趣旨」が書いてあるのです。そのときは近くのケム川に飛び込むという蛮行だったそうですが。何しろ、何でも賭けの対象にするお国柄ですから、その奉加帳に「できたら、100ポンド」などと、物好きな人が参加するらしいのです。

そして数日後、その蛮行がほんとに実行されて、地方誌に記事と、その証拠写真が出るのです。それで大学では、賭けに参加した人たちに集金係が来ます。もし支払わないと、こわいリンチがあるそうなんです。

つまり、こんな無茶な冒険の陰に、学生たちの真面目なチャリティ行動があったわけです。集めたお金は、困っている人たちに寄付されるんですよ。そこで髙宮さんは断言します。「あらゆる愚行にはチャリティの裏がある」と。

一冊の本から、そこまで話が広がるのが、髙宮さんです。本読みというよりも、本の中をすでに暮らしてきた人という感じです。

断っときますが、『本の世界はへんな世界』は、専門の中世英文学を扱っています。ずいぶん退屈そうですが、本書を読めば印象は一変するでしょう。たとえば、クランマー大司教という人の蔵書の話は、こんな具合です。この司教は、世継ができない妃を離縁しアン・ブーリンと再婚するために野暮なカトリック教会と縁を切ったヘンリー八世の臣下でした。しかも、王以上にむずかしい女性問題を抱えていました。というのは、大学生時代にすでに結婚、再婚までしていたんですね。イギリスの慣習では、司教は結婚できない決まりです。でも末は司教になる身ですから、結婚のことを大っぴらにできず、大司教になったときも誹謗を恐れて妻を一切外に出さなかったそうです。

しかし、この司教は愛書家でもありました。髙宮さんがこの大司教の蔵書を調査したとき、ある本を開いたところ、「禁欲」に関する項目にたくさん赤線が引いてある事実を発見したそうなんですよ。「高位に就く聖職者は独身を貫くべきだが、それ以前に妻帯していれば、仕方がないので離婚しなくてよい」といったふうな記述を発見すると、どうも大喜びで赤線を引いていたらしいのです。髙宮さんもよくみつけましたよね、そんな赤線を。生涯、結婚問題で身が危うくなることを恐れていた大司教の心境に、はからずも同情が湧いてくるではありませんか。

愛書自慢、珍書奇譚を通じて、難しい学問の世界を楽しく紹介する名随筆ぞろいの一冊です。もしもみなさんが「本を読みすぎてヘンになってきたかな」と不安になったら、こんな本をおすすめします。まだまだ上がいると、安心しますよ。書斎にこもる読書人といえど、本の世界と実の世界をこんなに融通無碍《ゆうずうむげ》に遊び尽くすことは可能なのです。

●急所その7――戦略1

読書は危険を含んでいる

読書しなければ、というプレッシャーを日ごろ感じている人はいませんか？　本を読まないと、なにかうしろめたいような、怠け者であるかのような、そんな気分でいることは、体に毒です。

まず第一に、読書をしなくても死ぬことはありませんし、健康を害することもありません。体の健康にとっては、むしろ読書しないほうがいいかもしれません。また、読書などしなくても心の豊かな人はいくらでもいますし、現在の地球にも本がない文化圏はたくさんあります。

すでに書きましたように、精神を育《はぐく》んだり、満足させたりするためには、本よりももっと重要な食べ物がいくらでもあるのです。その実例は、体験すること、考えること、話すこと、などです。本は、じつのところ、そうしたリアル体験の代用をしているにすぎません。ただし、本が実体験よりも勝っている点は、いつでも、どこでも、リスクなく体験できる点だけです。たとえば、本を読む段階では、死ぬことだって疑似体験できるからです。

まあ、実体験の代用品だと思っていてよろしいでしょう。

そして第二に、本はおそらく家財の中でいちばん始末に負えない家具です。場所をとりますし、千冊もたまってしまうと、どの本がどこにあるのかわからなくなってしまいます。

私は、一日の内2～3時間は、毎日、本や資料の家探しを繰り返しています。これは時間的に見てもかなりのロスといえましょう。それから、本は極めて重量があります。床が湿気ていたりすると、本の表紙が床に密着してはがれなくなります。弱い床ですと、ときどき本の重さに耐えきれず、落ちることがあります。大地震に遭遇すると、本箱はしばしば倒れます。運悪く下にいると、大怪我どころか命取りにもなりかねません。

第三に、いくら本を読んでも、その分私たちの人格が高貴になるわけではありません。

本を読みすぎると、かえって他人と話ができなくなったり、人の世話焼きに時間を使うこともいやになってくることがあります。部屋に閉じこもりきりになる場合もあるでしょう。

そして何よりも、私たちが本で身につけた知識や教養など、多くの人にとっては何の関心もないことが多いのです。

私は講演をときどきやったり、大学でレクチャーをすることもありますが、たいていの場合、本で読んだ難しい話題など、だれもまともに聞いてくれません。かえって、旅行でひどい目に遭った話や、大失敗をやらかしたボケ話のほうに耳をかたむけてくれるものなのです。

第四に、読書には「諦め」が必要です。本を読んで得ることは多いですが、その逆に失うこともかなりあることを知っておくべきです。私は本探しと読書に人生の半分くらいを費やしてきましたが、会社員のときには趣味が読書なんて「暗い」のひとことで切り捨てられましたし、異性にはもてないし、宴会でも他人をおどろかせるようなかくし芸とかトークなんかできません。

営業にでても、お客さんを楽しませることは何一つできませんでした。

しかも、最悪なことに、読書で培った国語力だけは自信があっても、会社で書く稟議《りんぎ》書《しょ》や依頼書はビジネス日本語であって、文学とはまったく関係がありません。

私は新入社員となって迎えた4月、新人歓迎会の回覧告知を書かされたのが、最初の仕事でした。私はここぞと知恵をしぼり、「本日、万障お繰り合わせのうえ、なにとぞご来駕いただけますよう、部員一同心よりお待ち申し上げております」とかいう長ったらしい文学日本語を書き上げました。すると、それを読んだ部長が、原稿を引きちぎり、こう言ったのです。

「本日、新人歓迎会、○○室にて開催いたしたく。それだけで十分なんだよ。忙しい連中に文学読んでる暇はねえんだ」と。

というわけで、読書が実際の役に立つことはほとんどありません。

そして第五に、読書は往々にして家族も喜ばないのです。まるで、なまけているように見えるのですね。私は昔から変な本を好んで読んでおりましたので、毎日戦争のように忙しい母親にとってみれば、お気楽な暇人にしか見えないようです。私が33歳のときにサラリーマンをやめ、作家をめざしたとき、母から言われたことを忘れられません。

「おまえね、会社やめたのかい、いつまで四次元で遊んでいる気なんだね。嫁も来ないじゃないか」

と。私は四次元で遊んでいるのではなく、異次元の小説を書いていたのですが、そんなことは母にはわからず、今でも「まだ失業しているのかい。そろそろ就職しておくれ」といわれます。作家は「失業者」の扱いなんですね。

ですから、私は読書や本集めを、けっして人にすすめたりいたしません。たまに、本が好きだという若者に出会うと、

「ああ、悪魔に魂を売るようなことにならなければいいがな」

と、本気で心配します。

なぜかって？　その質問に答えるかわりに、ドイツの国民作家ゲーテが書いた偉大な

戯曲『ファウスト』を読めばわかる、と言っておきましょう。あの作品こそは、読書しすぎた中年男が悪い友達に風俗街に誘い込まれ、若いイケイケの女の子を引っかけ、おまけに彼女を妊娠させてしまうという、とんでもない「読書愛好家の転落人生」を語っているからです。

え？ ウソだろ、あれは世界のみんなが教養のお手本と信じている偉大な世界文学なんだから、そんな安っぽいテレビドラマみたいなわけがないでしょ、と。残念でした。ゲーテの偉大な教養文学は、舞台でえぐい話を展開する滑稽でエロティックな話なんです。それを、日本ではヘンに勘違いさせられているのですね。

私は原文のドイツ語を翻訳する力はありませんが、英語に訳された『ファウスト』と原文を比較したことがあります。英語はまさにシェイクスピアの戯曲のように、エロティックなことはエロティックに、滑稽なところは滑稽に、原文よりもずっとあからさまに表現しているのを知り、ある意味でゲーテの策略を見抜くことができたんです。荒俣訳『ファウスト』は、ヘンテコリンな挿絵を加えて新書館という本屋さんから刊行しました。

ついでにいうと、あの世界的名作『ドン・キホーテ』も、主人公は本を読みすぎてあんなことになったのです。それから、与謝野晶子の『みだれ髪』もついでに読んでおくといいでしょう。本ばかり読んでいることがいかに哀《かな》しいことであるか痛感しますよ。

私は本を読むことに青春のすべてを捧げる血をもったヘンな高校生でしたが、あるとき、「柔肌の熱き血潮に触れもみで寂しからずや道を説く君」という晶子の歌を読んで、ほんとに柔肌ってすばらしいんだろうなと思い、思わず本を捨てたくなったことがあります。しかし、すぐに、これは悪魔の声だと気づき、難を逃れました。

以後、五十年間、晶子の作品には触れておりません。

そういうわけで、読書の危険を書きだしたら止まらなくなるほどですが、しかしそれでも自分は、読書をなによりの楽しみにしてきました。それはどうしてか。

たとえ悪魔に魂を売り渡しても、知りたい、教えてもらいたい、この世の秘密を少しでも解きたいという渇きが、私の魂を揺するからです。好奇心が満たされる歓びよりも上の幸せなんて、滅多にありません。ただし、さっきも書いたように読書にハマルことはデメリットもありますから、覚悟をもつことが必要になります。

で、私も子どものころに、この世では自分に幸せは来ない、と覚悟を決めました。でも、ふしぎなもので、諦めると度胸がすわります。

ファウストやドン・キホーテや、『子連れ狼』の拝一刀《おがみいっとう》のような気分で、本の山に分け入っていくことが、できるようになりました。

そこで、読書という「冥府魔道」に入り込んでも冷静になれる方法は、一つ。読書する代わりに、何かを諦めること、です。読んで悔いはない、と考えることです。私はそのように覚悟が決まった人生のサムライたちに向けて、読書がよりいっそう魅力的になる方法を、さらに提案しようと思います。

●急所その7――戦略2

読書はジャングルの冒険である

よく、趣味は読書、などと、履歴書などに書きますね。この場合、「読書とは小説を読むことである」と思い込んでいる人がけっこう多いものです。もちろん、そんなバカなことはありません。小説や文学はほんの一部です。自分が何かにぶつかり、何かの手助けを必要としたとき、読書することはたいへんに効率のよい対処法だと思います。何しろ、安い。いつでも、やれる。そして、ひとりでもできる!

とはいえ、読書とは、本という本が大波となって打ち寄せてくる荒海に飛び込むようなものですから、なにもしらずに飛び込んでも得るものは少ないでしょうし、危険すぎます。読書の第一歩は「冒険にでかける」という意識をはっきり持つことです。

ふつう、読書というのは、なにかしら案内役が付いてくれるパック旅行のようなもの、と思いこみがちです。新聞でも、テレビでも、おすすめ本やベストセラーを告知してくれます。学校や職場でも、推薦図書が決められているので、読むべき本を探す必要はないのです。

でも、そんな甘いことでは、読書の魔道に埋まっている悪魔のようにおもしろい本に出会えるはずはないのです。ジャングルのようなところをひとりで彷徨《さまよ》って、猛獣や、見たこともない動植物に目を開かれ、愕《おどろ》き、ときには痛い目に遭い、また新発見に感動する。

それには、自分で装備を整え、案内人なしの冒険に出発しなければなりません。冒険だから、危険性がついてまわるのはしかたありません。というよりも、危険性そのものを味わうところに冒険の愉しみがあるのです。

読書は、動物園で離れたところから動物を見て楽しむことではありません。デパートで買ってきた昆虫標本を広げることでもありません。密林で、猛獣に追い掛け回されながら、見たこともない昆虫を捕獲するのによく似た行為です。

その一匹一匹との遭遇が、読書です。一冊一冊の本との運命的な出会いが、あなたの血肉となり、本物の知力を具《そな》える力となるはずです。そして、ジャングルを駆け回っているうちに、自然と勘が磨かれてくるのです。「読書感度」といいましょうか。この勘が発達すれば、本の良し悪しは一目で見分けられるようになります。

ここで、実例をお話しします。私は最近、長年温めてきた小説を書きました。この小説ができあがったのは、ひとえに、おもしろいタネ本を発見できたことにあります。

私はここ20年ほど、江戸時代の医学にかんする本を気にしてきました。最近テレビで

『JIN―仁―』などというドラマがヒットしましたが、まさに先を越されたという感じです。しかし、私は私で、江戸時代に存在した「恋の病」という奇妙奇天烈な病気をテーマにした小説の構想を進めておりました。でも、ふだん医者嫌いですし、医学の本も読んできませんでした。そこである日、決心して、古い時代の医学に関する本を探して、自分のセンサーに触れた物を、片っ端から読んでみようと思いました。そして、ヒントを与えてくれる一冊をみつけたのです。

その本は、田中香涯《こうがい》の『医事雑考　奇・珍・怪』（鳳鳴堂書店）です。古くて地味な本でした。でも、「奇・珍・怪」というタイトルが私を呼びました。

著者は大阪府高等医学校の医師でしたが社会史に関心が深く、『変態心理』という雑誌の主幹も務めました。これはいけそうです！

読んでみました。内容は、『医事雑考』っていう、いろいろな怪事件を医者らしい発想で分析している記事です。どうして色の黒い日本人と白い日本人がいるのか、とか、日本人もほんとうは昔は肉をたくさん食べていた、とか、「腹の虫」というのはホントに存在するのか、とか。千里眼までやってます。

たとえば、肉食問題。井伊直弼が出た近江彦根藩は牛肉を食うので有名で、土地の名物が牛乳。彦根藩の殿様が参勤交代で江戸城に行くと、自分の故郷の土産だと言って牛肉のみそ漬けをみんなに配っていたっていうんですよ。彦根藩に行くと大手を振って牛肉を食えた。牛を放牧している場所があって、江戸時代のさなかでも牛肉食ってたのは、どうも彦根藩だけだったらしいんです。どっから調べたんだと思うような話で、裏づけが必要ですけど、たいへんに興味深いエピソードです。

しかし、その中で、いちばん目から鱗が落ちるテーマにぶつかりました。「恋の病」の研究なんですよ。恋の病っていうのは、江戸の初期のお医者さんたちは、これは恋煩いともいって、恋心がどうにもならなくなると体が激痩せし、何もやる気がしなくなる、何か物思いに沈んで、そのうちに精力が尽き果てて死んでしまう。

問題は、ほんとに恋が原因なのかという点です。著者は医者ですから調べました。医学的には、おそらく「結核」だというんです。

ただし、そのきっかけとして、自由恋愛禁止だった江戸時代に、さぞや苦しかったろう「かた想い」をしてしまった人のストレスを挙げています。

▲「赤ウナギ」(唐慎微の『大刊本草』(1080)に載る鰻鱺魚の図。[官内庁書陵部蔵、巻二十一])
※『「腹の虫」の研究』(名古屋大学出版会)より転載

この苦しみから免疫力が減退し、ついに結核を病む。なるほど、恋の病にはリアリティがあると知り、江戸時代の医書を読んでみたところ、結核を治す特効薬は「赤ウナギ」だと書かれているのを発見しました。

そんなウナギどこにいるのかと、さらに調べた結果、当時の薬屋で売ってました。この時期、薬屋では、ユニコーンの角だの、ミイラだの、人魚の肉などが効果のある霊薬として人気でしたから。

なんでも、結核になった女が家族に捨てられ、ある漁村に漂着したところ、そこで滋養のある「赤ウナギ」を食べさせてくれたそうです。これでみるみる健康が戻り、命が助かりました。いまでも結核は栄養と休養が薬ですが、ウナギは滋養ゆたかですので、理に適った治療だったといえます。

だとすると、ウナギは恋の病にも効いたはず。また、夏場の滋養補給にウナギを食べようという習慣をつくった平賀源内の宣伝コピーも、ただの思い付きアイデアではなかったことになります。源内も医術をこころえていましたから。でも、私だったら、ウナギ屋から宣伝を頼まれたとき、「恋の病も治るウナギ」っていうコピーを推したでしょうけれどね。

とにかく、私は恋の病を関心項目に加えました。ここからが本のジャングル探検です。すると、こんどはもっと大物がひっかかりました。「腹の虫」です。

よく、腹の虫がギーグー鳴いているだの、虫の居所が悪いだのと、虫が好かねえ、この子は疳《かん》の虫が強い、なんていまでも言いますよね。虫下しを飲ませるとか、虫封じに孫太郎虫が効くとかね。時代劇にも、女の人が突然苦しみだして、「持病の癪《しゃく》が」とか言ってるけど、あれ、江戸初期の頃は、みんな虫のせいだといわれたんです。回虫とか、サナダ虫といった寄生虫じゃなく、虫です。

正体不明の病気は、たいてい虫のせいにされましたが、そういう正体不明の病は平安時代ごろだとぜんぶ憑き物のせいにされていて、陰陽師が祈祷《きとう》して落としてたんです。ところが室町時代になってから、中国から虫の医学っていうのが入り込んだ。どうもわけのわからない病気は、虫が付いているのでこれが悪いんだっていう、新しい医学概念が来て、医者がいきなり活躍するようになるんですよ。

ここで初めて病原体を医術で落とすという文化が生まれ、医者が尊敬されるようになる。それこそ恋の病までも含めて。実際、時折人体から回虫とかギョウ虫とか寄生虫なんかがでてくることがあるわけですね。虫のせいである、と。虫の知らせとか言うようになります。腹の虫は体内に寄生して、時々これが腹の中で予言やら占いやらをわめき散らすっていうんです。おまえ、もうすぐ死ぬぞとかっていう具合に。それで、虫の知らせっていうわけです。

それで、ついに虫の図鑑っていうのが出るわけですね。この図鑑がまたものすごくて、小さい虫なんですが化け物図鑑そのものです。虫めがねが持ちこまれて、それで蚊とかノミとかを見て、びっくりするような姿を確認するのです。この図鑑の一つを10年ぐら

▲『「腹の虫」の研究』

い前に国立九州博物館が入手しました。『針聞書《はりききがき》』という本で、フィギュアにした物を博物館で売っています。さながら新種の妖怪か「ゆるキャラ」並みの奇妙奇天烈な姿をしています。

腹の中で寿命を予言する虫なんてすごいと思った私は、もう二十五年も前に『帝都物語』という小説を書いて、腹中虫という化け物を登場させたんです。ところが最近、長谷川雅雄さんほかの研究者が書いた『「腹の虫」の研究』（名古屋大学出版会）っていうとてつもない本がでました。私も腹の虫に興味がなかったら、こんな気持ち悪い本にとびつきませんでしたよ。でも、腹中虫も出てきますから、飛びついて読みました。

ムカムカして腹の虫が納まらない不快感をもたらす病原体、これがいったい虫なのか化け物なのか？　謎の虫の正体に迫っているんです。精神医学、国文学、人類学、さらに文芸、芝居にまで捜査網を張った知の大捕り物ですよ、ほんとうに。

さっき私が小説で出したとお話しした腹中虫は、江戸時代に流行した「応声虫」として、研究されていました。腹の中から急に人の声を発する妖虫で、薬を飲もうとすると「そんな薬は効かないから飲むな」と腹の中から警告するんです。ときには病人と腹の虫とで口喧嘩になったりするんだそうです。そこで無理に薬を飲むと、声が弱まり、数日後にお尻から「額に角のあるトカゲのような虫」が出てくる。こいつによく似た虫で有名なのは、膝などにできる「人面瘡」です。こいつは人の顔に似た腫物になる。やはり口があって、悪口雑言をいいまくるだけでなく、勝手に飲み食いもするんです。

また子どもが夜泣きしたり精神不安定になる元凶は、「疳の虫」で、重症の場合は死ぬことさえあったそうです。ある過去帳を調べると、子どもの死因の第二位が「疳の虫」だった、なんて出てきます。この虫に効く薬が、かの有名な「孫太郎虫」なんですよ。

で、いったいこの「虫」というのは何なのか。この本によれば、腹の虫は、中国で「三尸九虫《さんし》」などと呼ばれた霊的な病原体、つまり邪気あるいは鬼《き》が日本に伝わって独自に進化（？）したものなんだそうです。当初、日本でもこの疫病神を追い払うのは陰陽師の仕事でしたが、戦国時代以降は霊的な化け物から「生きた虫」へと見方が一変し、医者は解剖までおこなって虫を取り出した。現代の細菌やウイルスの発見に近い出来事だったわけです。こういう話を知れば、いくらだって空想がひろがっていきますよ。

私は、普通だったら読まない本が一気に関心の高まる本に変わっていくというのを何度も体験しているので、もうやめられなくなって、多くの人が捨てる本を一生懸命拾って読むようにしています。

●急所その7――戦略3

地引き網とモリを両方使いこなそう

さて、本は捨てる神あれば拾う神あり、すべてそれを読む人次第だというお話から、もう一歩話を進めます。本の密林のなかで、どうすれば掘り出し物や宝ものを発見できるでしょうか。

いいハンティング方法を身につけることです。ただし、使うには、そうとうな勇気が必要な方法もありますよ。

私が最初におすすめするハンティング法は「神農《しんのう》方式」です。

なんとも畏れ多い名を付けてしまったものです。むかし、中国に神農という神様がいました。自然のあらゆる医薬を人間に授けてくださった神様です。

神農は、薬を作るにあたって、ありとあらゆる植物を口に入れて味見し、「うむ、これはクスリになる」とか「あ、これはピリリとするから毒だ」と判定していきました。自ら生体実験してくださったのですね。もはや、お見合い方式を超越して、会う人ごとに全部プロポーズして結婚してみるような神業です。

ですがその結果、神農は自然にある生物や鉱物のすべてを毒と薬に分けることができました。まさに「地引き網方式」です。ただし、こういうすばらしい努力をしていい薬の発見につとめた神農は、毒を体内に溜め込んでしまい、体が動かなくなり、歩行困難にもなってしまいました。副作用も大きく、さまざまなことをあきらめないといけない点が厳しいので、ふつうの人生を送りたい人はほどほどに。

しかし、私はこういう神農方式に挑んだすばらしい先人を二人、紹介せずにいられません。

最初は、読書人や研究者がかならずお世話になる東洋の一大参考資料を神農のように片っ端から読んで書き抜いた『広文庫《こうぶんこ》』の編纂者、物集親子です。おなまえは「もずめ」と読みますが、その名のとおり、すさまじい勢いで資料を集めました。とくにお父さんの国学者・物集高見《たかみ》はなんでも五万冊の本を全国から集め、これを読破し、必要な部分をすべて書き抜いて、大正年間に全二十冊の『広文庫』にまとめようとしました。一冊だけでも想像以上の重さですが、中身はそれ以上ですよ。

『未来記』なんていう項目があって、聖徳太子から未来予言、未来小説の類《たぐい》まで集めてくれているんです。しかも、「いろは順」で引けるという画期的な参考書百科を個人で創りあげました。息子の高量《たかかず》さんが応援し後を引き受けましたが、晩年は世間から忘れられ、たいそう貧しかったそうです。

本選びは、これといっしょです。私はとくに、時間のある若い人びとにこの方法を試

▲『新国史大年表』

してほしいと思います。やり方自体は簡単で、地引き網の漁師になったつもり、というのがキーワードです。私は、図書館へ行って目録カードを「ア」から順々に見て、一冊ずつ中をチェックしたことがあります。

それから、これも独力でしあげた傑作中の傑作、『新国史大年表』（国書刊行会）です。大正・昭和の神農が物集親子なら、平成の神農はこの著者・日置英剛《ひおきえいごう》でしょう。本文だけで全十巻ですが、大きさが『広文庫』の倍以上あるので、規模的にも匹敵します。

こちらは教科書なんかに決して載らない事件を事細かに年表化してあり、それが、まるでドラマみたいにおもしろいので、読みふけってしまいます。もちろん、小説のヒントになる話も無尽蔵です。しかも、こちらは現在進行形で、いま著者が独力で刊行中なんですね。

ちなみに現代編の最後は２０１２年の末まで記述がありますが、文化面の最後にどんな事件が挙がっていると思いますか？『映画ドラえもん　のび太と奇跡の島〜アニマルアドベンチャー〜』です！　如何に幅広くておもしろいかが、これだけで伝わるでしょう。私もこの本の恩恵に浴していますから、もう応援するしかないでしょう。

読む本がないという人に、私は黙ってこの大著をおすすめします。こっちも日置のお父さん昌一さんが超人で、上野図書館に17年通って歴史書を読破、しかしメモは一切とらずすべて暗記して、『国史大年表』（平凡社）という大きな本を書いたのです。ですが、学歴がなく独学で仕上げたこの偉業も黙殺に近い形で埋もれてしまいました。

その息子である英剛さんはお父さんの仕事を21世紀に復活させるべく、この新編づくりに挑戦しているのです。２０１３年末に本文はほぼ刊行されました。こちらも親子二代の執念ですね。

しかし、地引き網はいかにも力技でありすぎ、普通の人には真似ができません。そこでもう少し、力のいらない、時間も要さない方法はないでしょうか。

漁業には「定置網」というのがあります。海の中で魚が通りそうな場所に網を仕かけ、魚がそこに引っ掻かるのを待つ方式です。これで時間も労力も節約できますが、この場合、定置網を張る場所を考えねばなりません。ある程度の予備知識か調査が必要になります。本選びでいえば、それは、「どのような本が読みたいか」という搾り込みのキーワードにあたるでしょう。大雑把でいいですから、欲しい本の狙いがあることです。つまり、「検索」ということになります。

たとえば、新聞広告や各種書評やネットのベストセラーランキングを見て、気になったものを選ぶのも、ここに含めていいでしょう。もちろん、まずい魚も、食えない魚もひっかかるかもしれない。でも、大きくバサッと網を張ることで、思う魚を一緒に掬《すく》ってやろうという方法です。

今、ネットの時代にはいり、私たち普通人にはかなり満足のいく検索が、デジタル空間の中でできるようになりました。新刊書なら、Ａｍａｚｏｎに入って検索すれば、大抵の情報はみつかります。古本もいくつかの幅ひろい検索ネットができており、みつけたらその場で発注することができるようになりました。かつては考えられないことでした。

なぜなら、つい20年前まで本の検索は図書館にいくか、有力な古書店が作成する在庫目録を購入するしかなかったからです。新刊書店を一回りするだけでは、狙う本はほとんど発見不可能というような時代でした。古書目録に探し物を発見したら、早い者勝ちですからすぐに電話を入れたり、本気の人は電報を打ったりしたという話も伝わっています。

先ほどの話にもありましたが、注文が重なった場合は抽選を行うところが多く、これがまた大変な騒ぎとなります。当たる確率をすこしでも上げようと、友達の名前を借りまくって注文を複数入れたり、いろいろ涙ぐましい努力をしたものです。でも、どういうわけか、私は抽選で当たったことがほとんどないのです。

本屋の目録は、現在でも有力な本の発見場所であることを、ここでお伝えしておくべきでしょう。目録がいまはインターネットによって一括してながめられるようになりま

▲『新青年』（大正10年1月号）

したから、本好きな人は毎晩いろいろなキーワードで検索して、本の定置網漁をやっています。

けれども、あこがれの本というのは、じつは定置網ではなかなかとれにくいことがあります。だれかに推薦されて入手しようとしても、すごく古い本だったり、あるいは印刷されず原稿のままで残されている本までは、そう簡単に手にはいりません。

そんな場合には、もう自分から裸になって海に飛び込む、岩の奥からモリで突いて捕獲するしかないのです。では、本の海に潜ることにしましょう。

私は高校生のとき、東京の荻窪にあった

古物会館というところで、江戸川乱歩の探偵小説を最初に載せたことで有名な読み物雑誌『新青年』(前ページ参照) のほぼ全揃いに出会ったことがあります。当時私は大の探偵小説ファンで、ルパン、シャーロック・ホームズなどの代表作を一手に日本に紹介したこの雑誌が、どうしても欲しくなりました。

でも、値段がたしか9万円。いまならウソみたいに安い値段ですが、当時の私のお小遣いは月に2000円、夏休みや年末は近所のチョコレート工場でアルバイトもしてましたが、たかが知れています。

しかしこの雑誌は、そのころすでに「まぼろしの雑誌」といわれていて、手に入れることはおろか、中を見ることもできませんでした。買いたいのはやまやまでしたが、とうとう諦めました。

その後、大人になり、本を自由に買えるようになりましたが、『新青年』はなかなか集まりません。いつまでたっても進展がなかったのですが、仕事の関係で半世紀ぶりにこの雑誌を全巻見なければならなくなりました。でも、どうしても見ることのできない巻も出てきました。そこで二年間ほど全巻所有する施設を探し回り、ついに目的を果たすることができました。

最後まで見られなかった巻をどこの岩の下からみつけだしたかって？ お教えしましょう。『新青年』からデビューした大作家、江戸川乱歩その人のコレクションからです。乱歩はいま研究する人がたいへんに多く、乱歩のお屋敷も資料館になっています。本気で研究する人にはさまざまな便宜を図ってくれると思います。

もう一つの例は古い博物図鑑です。これも『新青年』とは違う意味で、見たくても見る方法がない資料です。日本の江戸時代に作られたものは、有名な図書館や博物館に所蔵されており、ふつうは公開されていません。しかし、西洋の18、19世紀の図鑑はもっと深刻で、そもそも現物を保管しているところがないのです。

私は運がいいのか悪いのかよく分かりませんが、30歳になったころから古い博物図鑑に興味を抱き、博物学を勉強するようになりました。まずは図譜が見たかったのです。けれども、ないものは仕方がありません。そこで、こういう博物学を研究する学者がいた東京大学の傍に並んでいる学術書専門の古本屋さんを一軒ずつハントすることにしました。昭和53年ごろの話です。

しかし、さすがは東大前の古書街で、とにかくむちゃくちゃに難しそうな洋書がうずたかく積まれていました。ねらいは自然科学専門か医学専門の古書店です。分厚い原書の並ぶ棚の前に立ち、重くて死にそうな原書を一冊ずつ抜き出して、中を見るのです、するとたまに、手で彩色した銅版画の図版が入った古い博物学書にぶつかったのです。どれも美術品です。あまりにうつくしいので、しばらく呆然としました。魚や鳥の色彩がすばらしいうえに、ものすごく精密な図ばかりです。

おまけに、大きい本であればあるほど、図版が挿入されている確率が高いことも知りました。これらの図鑑は明治から大正の先生方が海外留学して、大事に持ち帰った古書ばかりです。そういう先生方がなくなったとき、東大近辺の古本屋さんが引き取ったのですが、買い手もいないまま何十年も店に置かれていたのです。

私はありったけのお金をつぎ込んで、そういう本を「救出」しました。そのおかげで40歳代の主要な仕事として「図鑑の歴史」を内容とする数冊を世に出すことができました。いま、わが家に置いてある博物学コレクションの始まりは、このような素潜りによって探し出したものです。でも、若かったからできたことでしょう。いまはそんな重労働したら、体が持ちませんけれど。

どうも、最初から恐ろしい話がつづいてしまい、引いてしまった読者もおいでだろうと思います。本と読書に取り組む基本的な覚悟を一通りお話しし終えましたので、第一章はここまでといたしましょう。

第二章　本を好きになるとはどういうことか?

「もうすぐ絶滅する」という紙の本、でも、たぶん絶滅しない

ここ数年のあいだに、本は大きな危機に遭遇しています。電子書籍が登場したからです。

電子書籍は、これまでの紙の本という絶対的な形態を一気にくつがえしてしまいました。その影響は、単に紙が電子に負けたというだけにとどまりません。今までのように書店が本を売るという形式がなくなり、根本的には「印税」という言語も死語になろうとしています。また、それまでの原稿用紙を単位にした文字数の数え方も変化しました。

むかしは、原稿を「十枚お願いします」と依頼されたものですが、昨今は「4000字でお願いします」と来ます。十枚なら量の見当がつきますが、4000字では、イメージがわきません。

読書も同様に大きな変化を蒙《こうむ》りました。まず、横書きにかわりましたから、縦書きは非常に操作しにくいのです。

そんな思いが私にはあるのですが、では読書の達人たちは本の運命をどのように予感

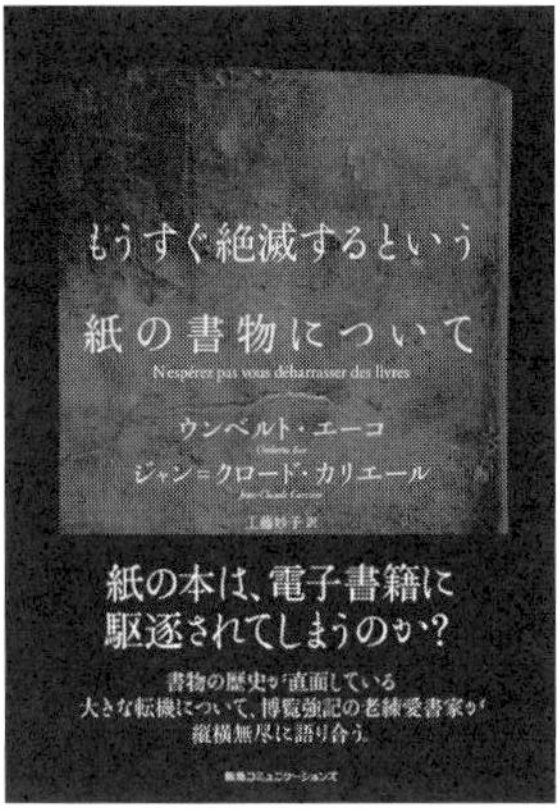

▲『もうすぐ絶滅するという紙の書物について』

しているのでしょうか。

本にかんする最近の話題で興味深かったのは、ウンベルト・エーコとカリエールという二人の本好きが語り合った『もうすぐ絶滅するという紙の書物について』（阪急コミュニケーションズ）という一冊です。二人とも、ヨーロッパを代表する本好きです。

私も本心をあかすと、この二人がやったような読書術を書きたいと思っているのです。

二人は紙の本の未来を悲観しているのではありません。お二人の発想はまるっきり逆で、デジタル書籍が普及すればするほど、紙の本が大事になっていくというのです。なぜなら、デジタル本はどんどん仕様が変化し、その記憶媒体も物体として長持ちしないものばかり。その点、紙は軽く五百年もつ。だったら、電子出版された本でも、バックアップに紙が必要でしょう、というものすごいちんぷんかんぷんなお話を展開しています。

これって、「老人力」だなー、と思うんです。電子出版みたいな春の夜の夢みたいなものには心を向けない、という姿勢です。気が付いたら、電子本のほうが先に死んでいた、なんてことになるからでしょうね。

でも、この二人が紙の本と言ってるのは、最近の安手な単行本やら文庫本やらの話ではないのです。中世写本、ルネサンス期のインキュナブラ、初期活字印刷本、それからバロック期の寓意図が一杯はいった大型皮装本、18世紀の手彩色版画入り本、などといった一冊100万円以上の稀覯本《きこうぼん》ばかり。たしかにこうした原本なら、だれもが大切にしますし、短命なデジタル本よりも長生きするに決まっています。

紙の本は、死にません。「物」としての貫録があるのですから、まだ生まれたての電子本に敵うわけがないのです。けれども、二人が本気で心配しているのは、分かりやすく言うと、だれも読まない本のほうなのです。本は、だれも読まなければ死にます。そういうこの世から消えてなくなった本が、いったいどのくらいあるでしょうか。たぶん、現存している本と同じくらいの量が、失われているはずです。

そういう本、気の毒だね、我々の損失だね、せめて、今ある本をなくさないようにしないとね、という気持ちです。

これが、じつは読書の本質だと、私も思います。ですから、この本にも、わけのわからない名著が、たくさん紹介されます。本が死んでしまわないように、と思うからです。

究極の話をしましょうか。人類が絶滅しても、たぶん本はしばらく生き残ります。図書館に収められた本は、きっと人間より長生きでしょう。でも、読書する人がいないのです。読む人がいなければ、本は死にます。そこで人類は今から、紙の本を読めるロボットを開発しておかねばなりません。紙の本を読むロボットがいるかぎり、人類の遺産は生きながらえるからです。

今は、そういうロボットがいませんので、私たちは紙の本を読むことを、子孫に伝え続けていかなければなりません。

ところで、エーコはご存じのとおり小説『薔薇の名前』（東京創元社）を書いた言語学者であり記号学者です。イタリアの「書物魔おじちゃん」としても世界的に知られた人物ですね。

カリエールはフランス人です。映画の台本とか、いろいろなもので活躍している、これも代表的なフランスの知性です。この二人がお互いの別荘を行き来しながら本について語るのですから、貧乏な日本人としては贅沢《ぜいたく》な読書論です。

この二人が思い描く読書は、すでに示したようにデジタル本ではなく、高価な紙の本なのです。そこで、貧乏な私たち、別荘なんて持っていない私たちは素朴な疑問を二人にぶつけたくなります。我が家は狭くて、家族も増えるのだから、本は絶滅しなくても、自然に家の中から追放されていくのではないか、ということです。本のない家が将来は大増加するという不安です。

なぜといって、家には机があって、書棚があって、子どもをはじめとする読者がいました。新聞を読むお父さんがいました。いわば、本は健全で教養ある家のシンボルだったからです。もしそうだとすると、いまは確実に家の中に本が少なくなっています。いかに最悪な家具でも、家庭の知のシンボルだった本がなくなった家は、いったいどこに文化が残されるのでしょう。

え？　そんなこと心配するほうがヘンとおっしゃるのですか？　それなら伺いましょう。そうやって本が消された家ばかりになったとき、本はどこで出会えばいいですか？たとえば、あなたのお父さんが書いた原稿があったとします。お母さんが撮りためた写真帖もあったと思います。あなた自身が作家をめざして書いた未出版の小説、おじいさんが先祖から引き継いだ古文書、みんなあなたの家にあった本です。そういう、あなたの家にしか存在しなかった本も、消えていくのです。本来ならば、あなたよりずっと長生きするはずだった本が、あなたよりも短命になったら？

もしそうなったら、人類はものすごい喪失感をいつか感じると思います。読むよりも前に、残すべき本がなくなった。それこそが人類の終わりでしょう。だから、読まなくても積んでおくということは必要なのです。本を集める人が必要なのです。エーコとカリエールがなんとなく心配していたのは、そういう心配だったのではないでしょうか。

現在は紙が山のように各家に保管されています。未整理ですが、物体として本が残されています。そのおかげで、だれかがゴミの山を読んで、その名から歴史の新事実をみつける可能性が残されているのです。

そういうわけで読書は、基本的には紙の本を中心に考えられてきました。しかし今や、紙の本ではなく、デジタルの本が出回り、そこに音楽がついたり、見やすく拡大できたり、ウインドウが開いて注がついていたり、とサービスも充実してきました。便利で、どこでも読めるようになりましたし、蔵書としては保存するスペースがいらなくなったというのも大きいことです。でも、そういう電子書籍の気軽なところは、奥の院に紙の本がうず高く積まれているという前提があってこそのことなのです。

しかし、紙の本がいちばん問題だったのは、あまりにもスペースが必要だということ。しかも重い。もう、家具としては最悪でした。でも残すべきだから、我儘として残してきました。そこが一気に解消されたような気分になったところに、将来の「スキ」が生じたのです。

我が家もそうですが、本を置くスペースは本当にここ20〜30年、日本の家庭から排除されてきました。最近は、デジタルで収納しておきゃいいや、と気軽になり、さらに紙の本を捨てています。百科事典なんて置こうものなら、家族中の批判を浴びます。つまり本を置いて楽しむという余地がほとんどなくなった家に住んでいるわけです。

エーコとカリエールも本の中で言っていますが、今や紙の本は保護を必要とするものになりつつあるのです。しかも、最悪の家具でありながら、本にはやっぱり捨てられない要素があります。

「なぜ捨てられないのだろう?」

だれでもそう考えますよね。その不安感の源にこそ、本の消失不安があるのです。一家から本が消えれば、世界から本が消える第一歩。そこでこの二人の英知が出した結論は、私たちにも参考になります。

「本は、情報の集積装置として、完全に出来上がったものである」という認識の再確認です。完璧に自立して生きていけるのは、紙の本だけです。あとは電子にしても何にしても原発の核燃料みたいなもので、膨大な費用をかけないと後始末ができません。

つまり紙の本は一種の究極であり、この完璧度の高さゆえに捨てるに忍びないのだ、というわけです。私たちは、完璧に自立した創造物をけっして捨てない、というのです。家の天井裏にある古文書も、あなたが若いころに書いた小説の原稿も、紙の本であるがゆえに残ります。

シンボルは強し　通天閣もりっぱに生きている

読書が家庭のシンボルだという話に、すこし補足を加えます。一見すると役にも立たないシンボルも、じつは重要な歴史の証人だということを痛感した本があります。『通天閣　新・日本資本主義発達史』（酒井隆史著、青土社）という本ですが、とにかく大阪のディープな歴史をしらない東京の人に読んでほしいと思います。さいわい、スカイツリーの大騒ぎで、東京タワーのことをわすれている東京人には、じつにグッドタイミングの「警告の書」といえます。

私はこのとんでもなく分厚い本を読んで、ようやく、「通天閣」がなぜ大阪人の心に住みついているのか、その理由を理解しました。もっとも、私が明治三十六年に大阪でひらかれた第五回内国勧業博覧会に興味がなくて、その博覧会の呼び物だった不思議館のストリップダンサー、カーマンセラ嬢のことにもまったく関心がなかったら、こんな大きな本は読まなかったでしょうけれど。

通天閣は電波を発するわけでもない中途半端な高さの塔ですが、大阪のディープサウスをほぼ百年見守り続けたその存在感には、ある意味で東京タワーも太刀打ちできない凄味があります。昨今「塔」の話題を独占するのはスカイツリーですけれども、どっこい「通天閣」を忘れてもらっちゃ困るのです。そこでこの本の出番です。私は朝日新聞に書評を寄稿しましたが、いま本書のおもしろさを再度まとめてみたいと思います。

この本は、直接的に通天閣の歴史を語っているわけではありません。その下で展開した大阪天王寺地区の近代化を語る「物語」に徹しています。また、エッフェル塔や東京タワーのごとき超然としたたたずまいを讃美するのでもありません。中途半端に高い通天閣に似つかわしく、貧乏な庶民や地元の侠客《きょうかく》の生きざまに低い目線を据えるのです。

むかし、堺方面へ南下する街道筋にあったこの地域は、都市整備をおこなうにも侠客の力に頼るほかない地域だったのですが、ここを一気に再開発すべく、そのための言い訳として開催されたのが、日本初の「万博」と呼ぶべき第五回内国勧業博覧会でした。題名は「内国」でしたけれども、じつは世界を巻き込んだイベントだったのです。

この敷地の整備と「人間の浄化」を担当した親分衆の物語がまず語られます。会津《あいづ》の小鉄《こてつ》は、その一人でした。たとえば賭博と相場取引とで稼いだ私財を投じて、その場から追い払われた人たちが食べていけるようにと「授産場」を開いた小林佐兵衛という親分などは、やくざ者と片付けられない大阪魂の持ち主でした。

ですが、問題は博覧会終了後のことです。跡地は地域の向上をめざし天王寺公園と「新世界」なる新娯楽場に生まれ変わり、その中心に通天閣を配したルナパークが造られる計画でした。ところが健全化をめざすはずだったこの新文化街は、飛田《とびた》遊郭の設置を経て場末の歓楽街となり、結局は粗末な長屋がむかし通り繁盛することになってしまいました。

でもここには、大阪場末のシンボル通天閣が残りました。残ったといっても、火事に遭って焼けてから戦後に再建されるまで、じつはここに通天閣がなかった時期もあるのですが、通天閣のその低さ、安っぽさは、みごとに場末の生命力のシンボルになりました。

この通天閣を全国に知らしめたのが、阪田三吉の人生をドラマ化した『王将』です。三吉は素人ながらプロより強い将棋差しです。「初手の端歩突き」というとんでもない奇襲戦法を編み出し、この手をもって東京の一流に挑戦した異端の棋士です。権威に対抗し勝手に「名人」を名乗った阪田三吉は、ここで草鞋《わらじ》づくりをしながら暮らし、一説に日雇いで新世界建設にも駆り出されていたという労働者だったのです。

このドラマを書いた北條秀司《ひでじ》は、この阪田と通天閣を結びつけました。ドヤ街で通天閣を見るたびに、三吉は燃えます。舞台や映画では、彼が暮らす長屋から必ず通天閣が見え、村田英雄のヒット曲にも通天閣が登場するんですね。「空に灯がつく、通天閣におれの闘志がまた燃える」のです。これで日本国じゅう、阪田三吉は生涯通天閣を見ながら暮らした、と思い込んでしまいました。それくらいの大シンボルとなったのです。

しかしこの本によれば、じつは阪田の苦闘時代に通天閣はまだ建っておらず、死んだときも戦時中に鋼材供出で解体され、塔は影も形もなかったというのです。

それなら、なぜ阪田に通天閣が必要だったのでしょう。健全化をめざし庶民を追い払った跡地にも、また庶民は集まる。北條が両者を切り離さなかったことに関係する秘話が、一つあります。

通天閣が消えた戦後のこと、阪田役を演じた辰巳柳太郎という名優は、序幕に登場したとたん大阪のお客から大喝采が湧き上がったので、人気役者の自分が出てきたからだと思い込んだそうです。ところがじつは、戦争中に消えた通天閣が舞台で蘇ったことにたいする、たいへんな感動のせいだったのです。それで、作者も通天閣を舞台から消すことをやめました。

阪田を生んだ新世界界隈の前近代性を、近代都市化していく大阪全体にアンチテーゼとしてぶつけたのが、通天閣だったわけです。阪田と通天閣は、大阪人にとってディープサウスの象徴となりました。通天閣は初代も二代目も大阪中どこからでも見える超越的な「大阪全体のシンボル」だったのでなく、無限に拡張する都市化の中で埋没してしまう「古い大阪」のわずかな化石だということが、みごとに描きだされていました。

「この町には秘密の主がいて、それは怪しい投機家や博徒や人道主義の極道者や私娼たちだ」と著者の酒井さんは述べます。この本を読んで初めて、進行中の橋下大阪改革のディープな側面が、私のような東京人にも、すこし理解できたのでした。

その意味で、私は逆に東京タワーにも関心を向けるようになりました。このあと東京タワーがどのようなシンボルとして東京に残るのか、私は楽しみにしているんです。本を読まなかったら、東京タワーを深く語ることもできなかったわけですね。

本の周りは敵だらけである

本と通天閣の関係について語る人間は、ほかにはいないかもしれません。が、とにかく読書の意味が意外に深いところに私たち読者を導いてくれる例にはなるかと思います。

話を戻して、本の物質性について考えなおしてみます。最初はパピルスを使った巻きもの形式だった本が、その巻きものが読むのに大変だからと、冊子本になり、ページ数がつき、索引がつき、読みたいところだけを開いて見られるようになっていった。そして小さい判型になり、持ち運びやすくなった。

たしかに、本は進化論の産物であることがよく分かります。その進化が行くところまで行った。そうなれば多少環境が変わっても、簡単には滅びない——と、エーコとカリエールは結論づけました。しかし本を生き物として考えると、進化に行き詰まることはむしろ絶滅の前兆でもあるのです。つまり、完全になりすぎると、それ以上の変化を産む余地がなくなるのですから、環境異変に対応できなくなります。

事実、最悪の家具であることに変わりはないのですから、本の運命はあぶないかもしれません。そこで私は考えます。本のまわりは敵だらけである、と。

家族の多い家であれば、なおさら本の行き場はありません。我が家も古本屋敷ですが、じつにおそろしくて強力な敵がいらっしゃいます。奥様です。古本は家をゴミ屋敷にする元凶だと信じていらっしゃいます。机の下に隠しておいたサラリーマン時代の性風俗雑誌（あくまで研究用です）を、即座に発見し、翌日ゴミに出してしまわれました。それでも奥様は王様ですから、私なぞには抵抗も許されません。

それから、奥様に次いで本の敵は、なんといっても火事です。我が家でもいちど、海の生き物を飼育していた水槽の電気機器がショートし、部屋が燃えました。しかも、その事故は私たちが一週間の海外旅行に出ていたときにおこったのです。

部屋にはいり、リビングをあけたとたん、焼け焦げの匂いがし、部屋中真っ黒になっていました。私は呆然としてしまいました。ところが、部屋の扉をぴっちりと閉めてあったのと、水槽が置いてあってその水が蒸発しつづけたせいで、どうも酸欠になって自然に火が消えたようでした。運が悪ければ、全焼、しかも書庫の貴重書も灰になっていたところでした。

エーコさんたちお二人は、書物は決してなくならないだろう、という結論ですが、とてもそうは思えなくなりました。江戸時代に林羅山という百科事典派の博学者がおりました。このお人は読書したり勉強したりすることに全神経を集中していました。ですから、あの有名な振袖火事で江戸が焼け野原になったときも、炎上の最中にもかかわらず読書に熱中していたのです。しかし、火が神田まで迫り、羅山の家の傍も燃えだしたので、やっと火事に気付きました。それでも、読みかけの一冊をぎりぎりまで読んでいたのですが、火の勢いに負けて、その一冊だけもって家を脱出したそうです。

そのあと自宅は全焼、蔵書もすべて焼けてしまいました。このとき羅山は本がすべて灰になったと聞いた途端、あまりの落胆でその場に倒れ、ほどなくして亡くなったといいます。気持ちはよく分かります。

矛盾しているように見えますが、要するに本は物体であるということ、かならず滅するのだということです。ヴァーチャルにはない本のデメリットを忘れているように思えるのです。ただし、火事になれば現在のヴァーチャル書籍は本よりももっと脆《もろ》く消えてなくなってしまうでしょう。まだ紙よりも確実に安心できる媒体ではないのです。

ちなみに言いますが、羅山は江戸徳川体制の読書と学問のスタイルを決めた人です。江戸の学問所や学問の神様の孔子廟《びょう》（湯島聖堂）が上野周辺に建てられ、それが現在の上野博物館エリアになったのは、羅山がここで学問を教えたことに由来するからです。

そんな羅山ですから、本は命よりも大切だったと思います。

ところで、敵は多いにしても、その反対に「本好き」という人たちもおります。こういう人びとは、羅山のように本を読み、守ったでしょう。たぶん、江戸では本をペットのように愛玩する本好きがいましたし、江戸の本はペットにできるほど美しい色刷りの刊行物も多かったのです。そういう人は、本を集め、守ったはずです。

つまり、本は愛玩できたわけですね、ペットのように。読まなくても、遊べたのです。ただ、そういうペット性に期待するだけでは、一般の人びとの感じる「最悪の家具」という嫌悪感を消すことはできないでしょう。じつは、映画にもなったエーコの小説『薔薇の名前』は、まさに「本がなくなる」という問題を扱ったミステリー仕立ての小説でした。

むかし西欧では、本はほとんど教会で管理され、保存されていました。場合によっては本がなくならないように、写字室というところで坊さんたちが本を書き写していたんです。日本の写経と同じです。聖書を毎日書き写していた。書き写すことで勉強となり、また保存にもなるのでした。

『薔薇の名前』のテーマは、そうした環境の中にいて「本を保存している人たち自身」が、じつはまた「本を抹殺しているのだ」という皮肉な問題にかかわっています。

ギリシアの昔、アリストテレスが『詩学』という本を書きました。『詩学』はヨーロッパにおいてたいへん重要なテキストになったので、教会でも大切に保管していました。『詩学』の第一部は悲劇について語っていました。教会も悲劇については認めるわけです。聖書にも悲劇はたくさんある。だからこういうものは当然残さないといけない。問題は第二部の「笑いについて」です。つまり喜劇について書かれていたと言われている部分です。悲劇があれば喜劇がある。いかに人を笑わせ、和ませ、そして知的な啓発をお互いにやるかというのが第二部のテーマだったわけです。

しかし、「これは非常にまずい」と教会は慌てました。人生を楽しくしたり、笑いあったり、滑稽にいじくりまわすようなことは、あってはならないんです。

「神聖な神に仕えるわれわれが、本を読んでゲラゲラと笑うわけにはいかん」と。

そこで教会は、迷路のような恐ろしい図書館の中に『詩学』第Ⅱ部を隠匿してしまいました。おかげで後世のわれわれはアリストテレスの『詩学』という本の第Ⅱ部を、見ることができなくなってしまったのです。

しかしじつは、この隠匿されていた最後の一冊を、坊さん探偵が探り出すというのが『薔薇の名前』の大筋です。最後はその図書館が燃えてしまうのですけれども。この本を書いたエーコが言いたかったのは、やっぱり環境が本をなくすんだ、ということでしょう。

このあいだ日本でも『図書館戦争』という作品が映画になりましたね。図書館員が、本を燃やそうとする機関を相手取って、図書館に立て籠り、本を守る戦争をするのです。もっと有名なのが、レイ・ブラッドベリの『華氏451度』でしょう。これはとても有名なSFです。あらゆる本は有害だというので、どんどん焼かれる。その焼く係が、ふと疑惑を感じるところから物語はスタートします。

「どうして本をどんどん燃やしちゃうんだろう？　燃やしている本は、人類の文化遺産としても重要なんじゃないか？」

そこで、ある秘密の集団が一人ひとり本の内容を記憶して、頭の中に保存しているというお話になります。人間が本になるのです。

それくらいに、本のまわりは本当に敵だらけなんです。みんなが一生懸命読もうとするのだけれど、世の中にはいつも強力な「本の敵」がいる。そのものズバリ『書物の敵』という本がむかし出たくらいです。下は紙魚《しみ》から上は人間まで、本はあらゆる敵に囲まれている。

それだけじゃありません。いま出版社は、売れないとすぐに本を断裁します。書店も売れないと見ると、すぐに並べなくなる。図書館だって、死んだ蔵書家の本を受け入れなくなってきています。本当に、個人の立派な蔵書ですら、図書館に引き取ってもらえなくなってきました。死んだときに遺族がお願いしても、いい蔵書内容でも、引き取ってくれない。するとどうなるか。古本屋に売るか、ゴミとして廃棄されるかです。

私も最近、こんな体験をしました。知り合いに102歳のおばあちゃんがいました。私の先生に当たる方のお母さんです。

その方が亡くなったときに、持っていた蔵書を私に遺贈してくれたんです。遺書にそう記してあった。たいへん著名な方の蔵書でした。しかし、個人じゃとても保つことのできない量があって、しかもわかる人でないとわからないような本が多かったのです。

そこで私も苦慮したのですが、最終的には、残念ながら放棄することになりました。見識のある人が丹精込めて集めた本も、いまや残せないようになってきているのです。本の周りは敵だらけということが、納得していただける一つのエピソードではないでしょうか。

それからもう一つは、本には弾圧という厄介な問題があります。内容がまずい本はどんどん弾圧される運命にあります。

たとえば黄表紙や滑稽本という、現代の漫画の元祖のようなジャンルがあります。全部ひらがなで書いたり、体言止めでポンポン文章が流れていく、新しいタイプの日本語で書いた作品が、大ブームになりました。

しかし内容がまずかった。ときの政府の悪口を言ってみんなで笑っている。これは弾圧されます。滑稽本や風刺本はみんなやられました。

有名な蔦谷《つたや》重三郎という人が、一方で写楽を出しながら、もう一方で懸命に黄表紙を出すんですが、捕まりました。そして財産の半分を没収された。著者の山東京伝なども財産を没収されたり、捕まって牢屋に送られたりと、さんざんな目に遭います。

本の周りは敵だらけなんです。

『もうすぐ絶滅するという紙の書物について』を読むと、本の未来の半分は暗澹《あんたん》たるもので、もう半分は本を愛する人間の覚悟にかかっているということが、よくわかります。

じつは、放っておくと無くなってしまう本というのはたくさんあります。だれも読んでくれない本が、山のように存在する。もちろん中には、くだらないものもたくさんある。消滅しても誰も悲しまないような本もたくさんあるんです。

それでも、やっぱり一冊の本は、たった一人の読者でもいいから、その読者を探すために命を削って、お金もかけて、書かれてきたわけです。そういう書き手の心情からいっても、読者は、本を読むことについてはそれなりの覚悟と義務を背負っているんじゃないかと、つくづく思うわけですね。

ではわれわれに何ができるか。時間もスペースもない。「とりあえず積んどく」もできなくなってきた。「父ちゃん、本は邪魔だから捨てちゃった」ということが、まままある。

こうした環境の中で、新たな読書人のスタイルが生み出される必要があると思います。まず大切なのは、本を愛することができるかどうか。読むことじゃないんですね。それ以前の、本という存在が大好きなのかどうか。まず、そこが問われます。

では本を愛するとはどういうことか。それは、本を護るという気概です。あなたが、家族を守るのが理屈ではないように、本をまもることも理屈じゃありません。それが「愛」

です。

おもしろい、つまらないは、別の話です。もしかしたらものすごくつまらない屑のような本かもしれない。でもその著者は書かずにはいられなかったんです。それが何なのか、救いだしてやりましょう。

私はあらゆる本には、救ってあげる要素があると信じています。だれからも見向きもされない本でも、どこか救ってやれる部分はないかと探してやる。そこで登場するのが、蔵書家あるいはコレクターとしての読書人なのです。

本は物体でもある。持てば資産になる

本にはまず物体としての尊厳があるということを、前に説明しました。本を集めて自宅に置くということは、財産を蓄えることと同じです。ただし、この財産は非常に重くて数も多い財産ですから、取扱いには苦労が付いて回ることを覚悟すべきでしょう。

どんなにおもしろい内容があっても、本はその中身を守れなければ意味がありません。

本自体は、容器なのです。その点から考えると、いちばんすばらしいのは石か金属です。これなら少なくとも数千年は大丈夫、中身を守ってくれます。

ただ、石や金属には大きな問題点があります。重くて大きいことです。つまり、運ぶときにも、保管するときにも、手に負えないということです。それでも、エジプトのアレキサンドリア近郊で発見された「ロゼッタストーン」は、まさしく本のお手本であるといえます。エジプトの四千年前の記録を現在に伝えたのですから。石という記録媒体、つまり物体に情報を印字した最初期の頑丈な容器なのです。この丈夫さは紙のおよぶところではありません。

じつは現在、世界のあちこちで本を石に戻そうという動きが出ています。その補完力、丈夫さがあらためて認識されたからです。現在は紙の本にしてもDVDやUSBにしても、火事でやけてしまうのが怖いのですが、将来は石英に記号をレーザーなどで彫りつけて保管することが研究されています。これですと数千年はまちがいなく保存でき、しかも燃えません。

　しかし、エジプトでは石に彫り付けた石碑スタイルとは別に、パピルスを用いて記録を付ける簡便な方法も使われていました。軽くて運びやすいうえに、丸めて保管することができたからです。ただし、丈夫ではなく、火にも弱い欠点がありました。それでも、世界では皮や紙、あるいは樹や葉をもちいた「ペーパー」と呼ばれる材質の本が今日まで進化してきました。おかげで、私たちのような市民でも、本を何冊も自宅に置いて、いつでも読めるようになったのです。

　おもしろいことに、本が物体であることから、これを所有するだけで本を読んだのと同じ効果があるという考え方ができました。これが、いわゆる「蔵書家」です。もちろん読書家でもある場合が多いのですが、純粋に本を持つだけの蔵書家もいます。こういう人たちも、命がけで本を守ってくれたわけですから、本にとっては頼もしい味方だったといえるでしょう。

　私は、読書家であって、しかも蔵書家である、というスタイルが本にとってはありがたい形態だと考えています。じつは、むかしの人は本を持つだけで中身を読んだのと同じメリットがあると考えました。文字が読めない人が多かった時代は、文字が書かれた本を手に持つだけでもありがたい経験だったからです。

　とくに、内容がむずかしい仏典は、量も大変に多いので、全部読破することはとても困難でした。そこでこのジレンマを解消するためにできたのが、「輪蔵」という不思議な書庫です。この書庫は、本を保存する台や棚が車輪に乗っています。そして、この車輪を一回転させれば、そこに乗っている本をすべて読んだことになるのです。まことに便利な書庫です。

　しかし、仏教では、そのような大げさな書庫を作らなくても、たった数文字で経典全体を読んだのと同じ効果が認められる「魔法の言葉」も発明しました。それが「南無妙法蓮華経」や「南無阿弥陀仏」という文句です。これを唱えるだけで、仏弟子修行ができるわけです。

　いまでもお寺に行くと輪蔵というものがあります。回転式の書架となっていて、一般の人はこの中心棒を回転式ドアのようにぐるりと一回まわすと、そこに置かれた経典をすべて読んだことになる。たいへん便利な工夫ですが、これはもともと、『大蔵経』という経典一式をユニットとして扱っていたこととも関係があります。

つまり「知」というのはひとつの集積体だという考え方ですね。一冊、二冊をかじっても意味がない。仏典の力は一字一句、しかも全体を完璧に記憶できないと仏の法力をひきだすことができなかったのです。

そのために、朝鮮半島ではグーテンベルクが活版印刷を発明する二百年も前から活版印刷術を開発していました。木造の活字を並べて、経典などを印刷しました。しかもこの印刷は、一回か二回、それも王様などごく数人のために刷っただけの代物でした。

これは、たくさん刷ってたくさんの人に知を分かち与える西洋の印刷術とは正反対です。では、なぜそんな少部数を刷るために印刷をおこなったのか。その理由は、「完璧さ」です。一字一句ちがわないようにするため、わざわざ活字で組んだのです。これなら機械的ですから、書き間違えがないのです。

この「完璧なテキスト」を作る技術は、いまも印刷の主要目的です。たとえば太宰治『斜陽』というのは、これでひとつの経典、ユニットといえます。神聖なテキストであり、ここのどこにメッセージが埋め込まれているかわかりませんので、長く保存するためには完璧なかたちでコピーが取れる仕組みが必要になります。一言一句欠けてはいけない。

著者の来歴から、タイトルから、もちろん本文も頭から末尾までそろって、はじめて一つの血の通ったユニットができあがるのです。

こうした本への信仰は、その基礎に、聖なる言葉には物理的な力がある、という理論が存在します。たとえばブッダが残した言葉は、それ自体が神通力をもちます。祈れば願が叶う、という信仰は、その典型です。

ですから、聖書や仏典を持っているだけで、心強いものがありました。それこそが「知」の所有です。そこから南無妙法蓮華経と7文字唱えるだけでいいとか、お経は般若心経だけで簡略化して済ます、といった考えも生まれてきました。

コレクションの愉しみと苦しみ

ここで、自分も本を集めてみようと思い立った人のために、ブックコレクターのお話をすこししておきます。

一冊の書物に人格があるように、一人の人間が集めたコレクションにも人格が生まれます。たとえばイギリスにマンビーという人物がおりました。この本の冒頭で紹介した書誌研究家ですね。その筋では知らない人のいない、コレクターの鏡のような人物でもありました。この人がナチスドイツの収容所で囚人向けに雑誌を出した話は、第一章で披露しました。今度は、この人の本職にかかわる話になります。

マンビーはケンブリッジ大学を卒業後、ロンドンの高名なクォリッチ古書店で、カタログ制作者として働き始めます。本の由来や特徴を調べて、それを書きだす、書誌の仕事です。国宝級の本ばかり扱うお店です。まだカタログに書誌情報を書くという仕事が評価されていなかった時代に、それを文化として成立させた人でもあります。

マンビーは一冊一冊の本をそれこそ「個人」としてあつかい、その特徴や性質、歴史―とくに前の所有者が書き入れたメモや落書きまで―を細かく調べ、本の履歴書を書き上げるという習慣を広めた人でした。

彼の仕事によって、ブック・コレクターも、本を一つの「人格」と見るようになり、同じ出版物でも一冊一冊の違いを大事にするようになります。つまり、印刷本でも一冊一冊に個性があって、それをちゃんとみつけてあげることが、ブックコレクターの仕事である、という本集めの原則を確立したのです。そうなると、どの一冊もユニークな版であり、一冊も失うことができなくなります。

この目録や書誌というものは、すでに膨大に蓄積されております。他人のコレクションを記録する人がいる！　このことは、書物の歴史の厚みを感じさせるに充分な事実です。一方、ネットにある電子書籍は、検索するものです。たくさんのコピーであって、一冊一冊に個性はない。書誌はありません。コレクターという存在が成立しない世界なんですね。カタログがないんです。

なにかを検索したところで、1ページ目は政治的もしくは経済的な理由で上位にきたものしかヒットしないし、2ページからは「なんじゃこりゃ」というひどいものがズラッと並びます。こんなだらしのない検索結果は、書誌学者が見たら気絶するでしょう。そこには慧眼《けいがん》のカタログ制作者も書誌学者も生まれないからです。

本や情報の鑑定において、グーグルの検索機能は書誌学者の頭脳に劣ります。検索は大きく網を広げるには便利ですが、「これを狙いすまして一本釣りしたい」というときには、まだあまり役に立ちません。

ｉＰｏｄに電子本をダウンロードしておくことも、蔵書家のコレクションと同日の談ではないのです。そこには情報の人格を求める姿勢もみあたりません。

たとえば「せんべい」にかんする本だけを集めた充実したコレクションなどがダウンロードできれば、それは役立つ検索に一歩近づいたといえるのですが、そういうジャンル検索もネットの世界ではまだ成立しておりません。

いっぽう、モノとしての書物には、背後に壮大な個人の蓄積が広がっています。出版社があって、著者がいて、印刷所や製本所があって、取次ぎがあって、キオスクも書店もコンビニもあって、古本屋もあってそこには目利きがいて、書誌学者や研究者がいて、一般ユーザーや蔵書家やコレクターがいて……。活字だって、その本のためだけにデザインされた活字があるくらいです。

とにかく本には、読むだけでなくコレクションする意味や愉しみもあるわけです。マンビーに限らず、これに一生を賭けた人々のことも、本書では折に触れて紹介していきたいと思います。

本は脳の「腕力」を極限まで鍛える

このパートでは、読書が腕力によって前進するということをお話しします。はっきり申します。読書というものは、趣味の段階ではごく個人的なひろがりしか生まないのですが、これに腕力が付けば、個人の枠を超えてどこへでもかぎりなく広がっていきます。

読書がそのままバーベルを持ち上げたり、10㎞走ったり、毎日手刀で瓦を10枚割るような武力になるのです。

分かりやすく言えば、何を読んでも、何を論じても、その人の力になり、それが他人にも影響するような「自分だけの知」の形成に資《し》するのです。こういう腕力のある人は、およそどんな相談事にも力を貸してくれますし、その人の話を聞くだけでヒントになるようなアイデアをいくらでも受け取ることができます。私の理想も、そういう自由自在な腕力を付けることなんです。

私が生きてきたなかで、そのような腕力を直《じか》に感じた人が一人います。松岡正剛《せいごう》さんという人です。私が松岡さんの名を知ったのは、サラリーマンになってコンピュータの技術を学びだした24歳頃のことでした。

ある日、ヒゲ面のいかにも編集者然とした松岡さんが会社に訪ねてくれたんです。会社の上司が、場違いなお客を見てぎょっとしたことを覚えています。稲垣足穂とロード・ダンセイニという二人の「鉱物的な作家」にかんする原稿の依頼だったと記憶してます。私は一時間お話しして、すっかり松岡読書談に魅了されてしまいました。

当時松岡さんは『遊』という途轍《とてつ》もなく風変わりでハイブラウな雑誌を刊行していました。文学や美術の話からはじまって、数学や天文学に遊び、また風流や諧謔《かいぎゃく》、歴史から異端思想にいたるまで、あらゆる分野に精通していました。それも、単に物知りというのでなく、極端に言うと、読んだ本、見た絵に、一点ずつ理論や評価やキャッチフレーズを与えていくのです。読んだ本に自分の味をつけるわけですね。それがとてもおもしろい。これって、読書の腕力でしょう。

このパワーがいかにすさまじいか、みなさんが体験できる絶好の読み物があります。ネットで公開されている「松岡正剛の千夜千冊」というサイトです。これは出版物にもなっていますから、本としても読むことができます。毎日一冊読んでは、それを松岡流に理論化したり、カスタマイズしたりしてしまうんです。たとえば、知る人ぞ知る稲垣足穂という人の超短編集――星新一のショートショートよりも短くて硬質なコント集――『一千一秒物語』という本を論じた松岡さんの文章です。

「これまでタルホについては何度も綴り、何度も発言してきた。ぼくの青春時代の終わりに最大の影響を与えたのだから当然だが、最近はタルホを読まない世代というか、稲垣足穂の名前すら知らない連中ばかりがまわりに多くて、いちいち説明するのが面倒になってきた。ふん、もう教えてやらないぞ。自分で辿れ！

けれども先だって鎌田東二君が主宰しているらしい東京自由大学という、名前は凄いが教室は神田のビルの小さな一室というところで、タルホについて話してくれというので、久々に気分に任せたタルホ語りをしてみた。「薄板界」に「AO円筒」というイメージを被せて最初に話してみたら、何人かのタルホ好きを除いて目をまるくしていた。そうなのだ、タルホに目をまるくすること、それこそぼくがタルホを伝えて皆にそうなってほしかったことだった。

だからこのときの語りは、いくぶん気持ちがよかった。よかったのだが、やはりタルホの文章を諸君が読んでいるかいないかということは、ちょっと決定的なのだ」

どうです、ここまで聞いただけで、足穂の本を読まなければいけないという気持ちになるでしょう。松岡さんは、人に本を読まないではいられない気持ちにさせる達人でした。こういう腕力はいったいどこからでてくるのでしょう。私がすこしずつ探査したところでは、松岡さんの脳のどこかに水晶プリズムがセットされているせいだと思います。この水晶は、如何《いか》にバラバラに本を読んでも、話題に応じて中身をきれいに分光させ、またそれを組み合わせて元の光に戻す——そんな感じです。つまり、仮説のようなあやふやな印象でなく、そのまま理論にまでかたまっているのです。

みなさんがもしも、読書の意欲をなくしたら、元気回復の強力なカンフル剤は、「千夜千冊」のどれでもいいから一夜を読んでみることです。こんな人は滅多にいません。私が今のような、なんだかよくわからない変な読書家になったのは、まだ二十歳代の前半、右も左もわからない青ビョウタンのうちに、こういう達人の腕力で脳の筋肉を鍛えられたおかげだと思います。

ですから、読書をしているという実感はあまりないのです。毎日スクワットか遠泳をしているつもりで、いろいろな本を読み漁っているといったところが本当でしょう。

バカみたいに見えるかもしれませんが、毎日鍛錬していれば知らないうちに筋肉ムキムキになるのと同じことで、脳にも腕力が付いてきます。こうなれば、この腕力でどんな問題もより容易に片づけられるようになるのです。

知能とはウソ話がもたらす力である

前章でもさんざん説明しましたが、べつに本を読まなくても死ぬことはないし、幸せになれない訳でもありません。

むしろ、本を読むという労力と時間のロスを考えた場合、限りある人生としては、その分何かを諦めねばならないのが、実情というところでしょう。

ただ、読書には、そういう諦めや犠牲を払ってでも体験せずにいられない魅力というか、魔力があることも確かなのです。

果たして本とはどのような存在であるのか、ここらで本の「本質」をじっくりと分析するのも無駄ではありますまい。


本の特性の第一は、ウソをほんとうであるかのように体験させる力があることです。ウソとホントの区別がつかないことで知の威力が倍増するのです。でも、ご安心ください、これは一種の「たとえ話」であって、もともとはぜんぶ実体がないのです。

本もそうですが、もっとわかりやすいのは映画です。あれは映像ですから、私たちがいる三次元空間とは別の世界です。いえ、三次元空間の「影」といったほうがいいかもしれません。でも、人間の眼は、厚みのない影を見ても、それが現実世界の3Dだと信じることができるんですね。

本は、映像のかわりに、記号を使って「影」を見せます。この延長上にコンピューターがあります。コンピューターはあらゆる現象(イメージ、音、概念など)を0と1の二つの記号を組み合わせて表現できます。機械語です。コンピューターはこの機械語を読んで、人間の言葉や目に見える映像に翻訳《ほんやく》するのです。

ですから、言葉や映像やコンピューター言語で表された物と事は、本来のリアリティをすべて失っています。ただの情報に移し替えられてしまっているのです。

そのかわり、実体物という属性がなくなりますから、たとえば海中とか宇宙の外へも、持って出ることができます。しかもヴァーチャルですから、どんな危険な目にあっても死ぬことはありません。実に便利な道具で、私たちの活動範囲を大きく広げてくれます。

人の体験を自分のものとして受け取ることもでき、他人の失恋で自分も泣くことができるようになります。それでも本気で涙が出てくるのですから、現実の失恋とどれほどの違いがあるというのでしょうか。

もっといいことには、他人が思いついた名案や発明も、自分のものとして理解することができます。自分でその成果をつかうことができます。こうして、私たちはヴァーチャルの世界を自由に活用することができるようになったのです。

本はその先駆でした。コンピューターはその最新形です。ひょっとすると将来は、私たちの脳がＩＴ回路でつながれ、自分がしてもいない体験をダイレクトに自分のものにできるようになるかもしれません。

読書というのは、本が持つそのような全宇宙の「知」を、翻訳して自分の中に取り込むことといえます。この世では見えないものを見えるようにし、この世では不可能なことを可能にして体験する、そういうゲームなのです。

ですから、脳の力を極限まで活用できるエクササイズともいえます。それが、「考えること」なのです。考えるという行為は、３Ｄ映画を見るために掛ける偏光眼鏡とも似ています。これを掛けないで３Ｄ映画を観ても、色がずれたピンボケ映像が見えるだけですが、眼鏡をかければ映像は飛びだしてきます。とたんにリアリティを発揮するのです。

もう一つ、本は、現実界に存在した制約や壁を飛び越える力を、私たちに与えてくれます。

たとえば小説は、その決定的なお手本といえましょう。小説に描かれる主人公にあなたが魅力を感じ、その人物と一体化して物語に没入すると、あなたの意識を物語や主人公の意識の中に潜り込ませることができます。これをエレクトロニクスとコンピューターで五感化したものが、映画でありロールプレイング・ゲームです。でも、同じことを本は紙やメディアでやってしまうのですから、じつに有能な機械といえます。

本を読めば、そこでルールや意識が置き換えられ、他人の心にはいることができ、人間以外の物にさえ入り込むことができます。だとすれば、自分よりも賢い人の頭脳に入り込むのが上策でしょう。その賢い頭を通してものを考えなおすことができ、分からなかったこともわかるようになりますから。

良い本を探して読むということは、つまり、そういうことなのです。

言葉がヴァーチャルな情報だからこそ可能となるわけです。以上のことを、言葉のなかでももっとも単純でルールの変更もしやすい強力な情報、「数」を例にして、確認してみましょう。

秩序づけや法則化とは「数」に置き換えることである

私が読書でいちばん快感を味わうのは、みごとなまでに秩序づけられた理論にぶつかったときです。それは一般に、その本の内容が「仮説」ではなく「理論」にまで結晶しているからである、といわれています。小説でいえば、エドガー・アラン・ポオやルイス・ボルヘスのような、あざやかなトリックを使った推理小説を読むかのような説得力ある構成です。そういう本には、いわば「鉱物」の香りがします。

私がいちばん鉱物の香りを感じるのは、文学では先ほどお話しした稲垣足穂という詩人です。詩人というより、哲学者か幻想家のような感じがあります。私が大学生のとき心から感動したのが、足穂の名作『A感覚とV感覚』（河出書房新社）でした。最近の若いみなさんは知らないでしょうね。でも、足穂は「ボーイズラブ」を語った先駆者のひとりです。「少年愛」という言葉は、いつも足穂とともにありました。足穂は「お尻がむずむずする感覚」に、少年愛を代表させるのですが、これがまたシャープで率直な発言でした。

A感覚とは、お尻の穴アヌスの感覚です。V感覚はヴァギナつまり子宮ですね。ほかにP感覚あるいはペニス感覚というのがありますが、これはV感覚よりもずっと粗末な「性感覚」のよりどころです。

真面目な文学など見ますと、その苦悩や快楽はたいていこのP－Vセックス感覚に結びついていますが、子どもができるというような肉体性・物体性が、どうしてもついて回ります。しかしA感覚は違います。お尻の穴のむずむずする快感は、じつは非物質的で無限なのです。

お尻の穴と口とをつなぐAO筒は、入口も出口もぜんぶ蓋なしです。人体では唯一永遠と接続している「快感だけの器官」「宇宙に通じている器官」です。したがって、この口とアヌスをもちいるボーイズラブこそは「自由になった絶対快感」の探究となります。そこから足穂は、少年愛の哲学と美学に理論的にアプローチします。いや、鉱物的にアプローチするというべきでしょうか。

こんな快感は、ちょっと他の作家ではあじわえませんでした。

では、理科系の科学論文ではどうでしょうか。

たとえば最近大きな話題になったSTAP細胞の論文事件が好例でしょう。書き誤りや画像捏造《ねつぞう》などの問題は別にして、STAP細胞が現在までのところすっきりしないのは、たぶんこの現象にA感覚がまだないせいだと思われます。アナーキーに結晶化していないためです。オレンジジュースに浸けるだけで変わるという冗談のようなプロセスを発見しながら、これに対する、実用以外の無限で存在学的な好奇心が注がれていないせいだと思います。

ＳＴＡＰ細胞に比べれば、私はダーウィンが進化論を明らかにした『種の起原』のほうが、何倍も衝撃的で、文字どおりアナーキーなＡ感覚の開陳だったと考えます。あの本には無桟性というか無限に接する感覚がたしかにありました。それはどういう部分かといえば、進化論にとってややもすると当たり前すぎて忘れられてしまう「大定理」です。

自然淘汰とか性淘汰とかいったＰ－Ｖ感覚はどうでもよろしい。あの理論の中でもっともおそろしいのは、「自然現象はすべて偶然の所産であり、計画されたものはなにもない」という大前提です。言い換えれば、神なんかいなくても生物は進化する、というのです。かんぜんにＰ－Ｖ感覚を捨てて、地球生命の歴史をお尻の穴にしてしまった理論です。これがあったから、宗教界や教養ある市民が猛反発したんですね。

でも、『種の起原』は明快に言い切りました。一見すると難しそうな本ですが、中身は非常に整頓され、じつに具体的な例証がなされています。が、それだけに突っ込みどころも多くて、個別的な話にわたると、ますます、「ほんとにそうなの?」と疑い、改めて検証してみたくなります。

一例を挙げますと、この本に限りませんが、よい本には一種の切れ味があります。私がなぜ、そういう切れ味のある本に魅かれるのか、何時《いつ》も不思議に思っていたのですが、最近ある本に出会って、その訳が分かったような気がしました。要は、理論を完全に当たり前な現象にしてしまえる方法は、「数字」で書きあらわすことだったのです。

数字は、人間が発明したすべての言語や記号の中で、もっとも厳密な「定義」が与えられた言葉です。この水晶みたいな言葉で、進化論を表現できれば、問題解決です。進化論は数学的な定理性をもつということになりますから。そして、このとんでもない作業に挑戦した本というのが、グレゴリー・チャイティンという人の書いた、その題名もズバリ、『ダーウィンを数学で証明する』(早川書房)です。

この本の冒頭を読んで、私は心底シビレました。著者はいうのです、「私の見解では、もしダーウィンの理論が、支持者が信じているほどに単純で本質的で基本的なものだとしたら、それに関する同じくらい基本的な数学理論、つまり、ダーウィン理論の考え方を、純粋数学で通常求められるような一般性、正確性、抽象度で表現した数学理論が存在していなければならない」と。

たしかに、単純で確実な理論なら、簡単な数式で表現できそうです。しかし、生命は複雑系だから、それを単純化したら生命の特質を無視することになり、意味がないかもしれません。そこでチャイティンは言います。「おいおい、われわれはプログラミング言語を使ってソフトウエアを開発し、人工知能を開発しつつある。だとすれば、自然のプログラミング言語とは何だ。DNAだろう。これはタンパク質という言語をコードとした自然のソフトウエアではないのかね」と。

その通りです。でも、生命を数学的に定義するとどうなるか知っていますか? ふつうは、①「代謝をすること」と②「自己増殖すること」です。この二つが満足できれば、それは生命だということができるといいます。ところがこの定義は「炎」とも合致します。しかし、炎は進化しないので、生命ではありません。「進化」が数字で表記できないからです。よって、生命の特質だけを数学的に定義することは困難です。

しかし、これに対してもチャイティンは言います。「数学では進化も定義できる。ゲーデルの不完全性定理は、じつは生命の進化を表現しているともいえる。そこで、生態実験や経験を主とする現在の生物学に対して、純粋に理論だけで生命を研究するメタ生物学を提唱したい」と。

ここから、「進化できる自己増殖機械」としての定義が数学的に与えられるわけです。経験的でなく、純粋理論的な「メタ生物学」ですね。これによれば、「生命の最も重要な点は、階層的に変化できる進化系だということであり、むしろ生命は変わりたがっていることになる」という結論が導き出されるのです。このメタ生物学では、リチャード・ドーキンスが唱えた有名な「利己的な遺伝子」理論——生命は自己のDNAを子孫に維持させようとする——が否定されます。私たちはつねに半分のDNAを捨てることで増殖するのですから。

この本は、ほんとうに進化論を数式化します。そして哲学や形而上学すらも数学で語ります。まったく気持ちがよい割り切り方です。ここまで結晶化した硬い生命論は聞いたことがありません。残る問題は、このきっぱりした割り切り方で生命のような変化の多い偶然現象がイメージできるか、ということですが、この点についても、この本はとんでもないことを明言します。

そもそも数学は生物学に似ていて、不明な要素がたくさんある現象を定理として表現したり、近似値や理論値を使ったり、パラメーターで条件を変更する方法は、生命現象を扱うときの手法によく似ている、というのです。私はちょっと感動しました。これなどはまさに、「数」による理論化の感性といえるでしょう。読んでいて、この情熱と信念に対し、応援したくなりました。

そういえば、数学もずいぶん進化しました。三千年前は整数を扱うのが精いっぱいでしたでしょうが、これに幾何学が加わり、代数学が加わり、集合論やら虚数やら、いろいろな「想像上の数」が加わり、最後にはプログラムやソフトウエアが開発され、文字どおり、藻類から知的生物の人間までが進化した生物に引けを取らない大発展を記録したといえるでしょう。

想像と創造は関係がある

数は、人間が自然現象を観るときに順序づける方法として発明した「ことば」の中で、もっとも単純な整理番号だ、といわれています。まっとうな自然界は、実数、自然数、整数の世界だといえましょう。つまり、どこかで割り切れるし、かならず隣りの数の間に区切りが付けられています。しかも、この「数」は、人間にも石にも星にも使える全存在共通の整理番号です。

「ここにリンゴが一つある、それが二つになった」というような知識は、数のルールを学習することで得られますが、実体験で見てきたことがそれを信じこむ根拠となります。

ところが「直角三角形の斜辺は他の二辺が1であるとき√2である」というあたりから、怪しくなってきます。

わかりやすく言えば、リンゴ一つと、ネコ一匹を足すと、やかん二個になります」と言われるのと同じです。現実界では、そんなことは理解不能ですし、実際にそういう事態を発生させることができません。

しかし、便利な整理番号として創造された「数」の世界では、そうした無茶も実現するのです。つまり、$\sqrt{2}$というファンタジーがリアリティを持つのです。

この$\sqrt{2}$をファンタジーだと言ったのは、実世界でそれにリアリティを与えられない、言い替えれば「無茶振り」だからです。$\sqrt{2}$は、二乗しないと「この世の数」になることができません。なぜなら、$\sqrt{2}$のままでは、隣にある数と区切りが付けられないからです。つまり、役立たない整理番号なんですね。それで古代では、こういう怪しい数字が表れると、神秘の世界に祭り上げることにしました。オカルトですね。

$\sqrt{2}$をこの世でも目に見えるようにする方法は、数学が発見してくれました。なんと、この割り切れない奇妙な数は、数字でなく図にするときっちり区分けができるようになったからです。幾何学の知恵を借りたわけです。ここで、数学と幾何学が融合するという、なんともわけのわからない世界が出現しました。いちばん分かりやすい例が、ピタゴラスの定理でしょう。

$\sqrt{2}$は、数字ではその量が正確に書き表せません。しかし、図形をつかえば、これを正確に表せるのです。一辺が1の正方形を思い浮かべてください。この四角形の中に、斜めに対角線を引きます。すると、この対角線がただし$\sqrt{2}$を表しています。ピタゴラスの定理が各辺の長さの比率として表現するからですね。どうです、世界がひろがったでしょう？

ならば、今度は「虚数 i」なんていう、もっとオカルトじみた数を登場させましょう。これ自体は図でも表せません。なぜなら虚数は二乗してマイナスの符号が付くからです。実体を二乗したら亡霊みたいなものになった。

つまりヴァーチャルな霊魂みたいな「数」なんです。

こうして、想像上の数、すなわちヴァーチャルな知識元素ともいうべき「数」は、ルールをどんどん複雑にして、どんどん現実離れする方向に進展することで、知の新世界を創造してくれます。想像が創造を生みだすからこそ、数の進化には果てがないでしょう。

アダルト本にも叡智を盛り込むことができる

はじめから話がちょっとむずかしすぎたかもしれませんので、読書の発展・進化ということで、その突飛な発想の実例に移ることにいたしましょう。

取り出したのは、アダルト本です。

エロ本なんていいますと、今でも隠れて読むものだと思っているんじゃありませんか？　私もそう思っていましたが、今は、エロ本もまた、一種の進化系を示す特別な本ではないかと考え直すようになりました。これから先、エロ本問題は何回か触れると思いますが、まずは、エロ本もまた知の極限であるという最高の実例からお話ししたいと思います。

え？　エロ本なんて読書と言っていいんですか、と聞いてくる人も多いでしょう。じつは私も、読書を実のあるものにするためには、エロ本はないんじゃないか、と思っていました。しかし、それは本への差別だったんです。エロ本こそ叡智の塊だったかもしれない、と私を驚かせた本が実在します。ほんとうに、これには驚きました。そのタイトルは、井原西鶴の『好色一代男』です。

『好色一代男』を読まれた人はおいでですか？　そんな江戸時代のエロ本、読むわけないでしょう、と言われそうですね。でも、江戸のエロ本のすごさを知らないなんて、気の毒なことです。

『好色一代男』っていうのはただのエロ本じゃありません。まず第一に、あの本は、雅びで風流な貴族の高級文学だと思われていた物語世界を、初めて庶民の読み物に変えた、歴史的な創作物なんです。

文章も庶民の日常語に近づけ、言葉遣いも俳句のように短くてリズムがあり、これをほとんどひらがなで書きつづった上に、挿絵を付けました。それも、描いたのは作者である井原西鶴その人です。作家、編集者、そして挿絵画家まで、ぜんぶ一人でこなしたんです。出版もはじめは自費でまかないました。すばらしい潔《いさぎよ》さです。しかも、内容はエッチ一筋に生きた庶民の性豪伝です。

いちばんすごいのは、世之介という主人公が関係をもつ女性は、子どものときの乳母から始まって、最高ランクの太夫さんまで、身分の上下を問わないところなんです。さらに、さらに、全体が何と、『源氏物語』のパロディーになっているんです。

なぜって、『源氏物語』が54帖で構成されていることはご存じですね。『好色一代男』も、主人公世之介が7歳から60歳の54年間の色道修行を語っています。違いは、貴族に向けた物語を、完全に庶民のために書き直したところです。このために西鶴は日本語の文章を改革し、後世の漫画に通じる挿絵まで挿入し、この漫画も西鶴が自分で描きました。こんな痛快な本、読んだことがない！

文学なんか気取りだよ、と思っていた庶民にも読める文学の発明です。読めば、女の口説き方や商売、経済のことまで分かる情報小説。そんな新時代の庶民文芸をめざした西鶴が考えたのが、ひらがな主体の日常会話文体、しかも俳句的なブッ切れ短文体です。

なんのことはない、明治時代に過剰な漢文調が日本語を壊していることを嘆いた文人たちが、言文一致運動をおこしたことの先駆です。ついでに書いときますが、明治に言文一致が取りざたされたとき、そのきっかけの一つになったのが西鶴再発掘でした。長いこと忘れられていた西鶴の再登場ですね。

そのあとに、おなじく話し言葉で語った噺家・三遊亭圓朝の語り口を、新聞が速記で起こして連載したことも、影響が大きかったわけです。西鶴に圓朝、日本語革命はこの二人のおかげといえるかもしれません。

ともあれ、西鶴はそれまでの甘ったるい感性の日本語を、硬質で単純な「数」に変更して使用した、ある種のダーウィンでした。しかも庶民の楽しみだった男女の睦みごとを、ダーウィンが異性を引き付けるために発達したと考えた意味のない過剰な外形進化、すなわち「性淘汰」を、色の道として語ったことも、偶然とは思われなくなるのです。『好色一代男』の内容は、世之介という男の子が7歳で性に目覚め、近所の乳母や女中のおっぱいや裸に興味を持ったところからから始まり、その後54年間にわたるセックス修行の様子を描いています。この54年間というのが、すでに源氏物語なんですね。最後は船に乗って、赤いおこしを旗印にして、それで女だけがいる「女護が島」ってところに船出して、あとはどうなったかわかりませんっていう話なんですけれど、死ぬために海に出ていくというのは、当時の往生・成仏の最高ランクだった「補陀落渡海《ふだらくとかい》」です。高僧の死に方です。西鶴のすごさがわかってくると、もうエロ本読んでる気がしなくなります。

私は以前、大阪の私立中学校で読書をすすめる講演をしました。そのときに思い切って『好色一代男』の話をしました。西鶴が描いた、子どもの世之介が屋根から遠眼鏡で行水をしている女の人を覗き見する絵も、大写しにしまして。肝心なところにはピンクのモザイクかけまして。そうしましたら、みんな聞いてくれました。中学生もおもしろがるんです。中学校でエロ小説をすすめたのは、もしかすると、これが初めてだったかもしれません。

眼鏡から読み始めた『好色一代男』

じつは私も、かなり歳を重ねるまで、西鶴なんてまともに読んだことがありませんでした。でも、あるとき、眼鏡の歴史にかんするおもしろ話を書かねばならなくなって、資料探しをしたんです。すると、じつに運よく、白山晰也《せきや》という人が書いた『眼鏡の社会史』(ダイヤモンド社)という非常におもしろい本を発見しました。この本の著者は「東京メガネ」という有名な会社の社長さんだった方です。ですからご自分の仕事にもかかわるだけあって、ただのウンチク話ではなく、眼鏡の本質に迫る話題が盛り込まれていました。

この本でまずびっくりしたのは、眼鏡って江戸時代輸入品の主役だったことです。こ

▲『好色一代男』(「行水覗き見」の場面)

の時代は近眼メガネはなくて、ほとんど遠視用だったのに、年寄りばかりでなく若者も競って眼鏡をかけたそうです。その結果、年に何万本も眼鏡が日本に入ってきました。いったいなんに使うのか? はっきりいうとファッションだったんですよ。眼鏡をかけていると、恰好よく思われたらしいのです。

そして、この本を読み進めていたら、『好色一代男』が登場し、さっき中学生に見せた「行水覗き見」の場面が紹介されていました。これがもう、まさに「目から鱗」なんです。

世之介は九歳で金融の仕事の見習いに出されます。この両替屋の屋根から、望遠鏡で隣のおねえさんの行水姿を覗くんです。でも、著者の白山社長はとんでもないところに目をつけられたんです。いったい、どうして屋根の上に望遠鏡なんかが置いてあったのか、と。すごい着眼でしょう？

西鶴は商人です。当時の読者の中にも、両替屋の商人がたくさんいたはずですから、根拠のない話を書くわけがありません。そこで白山さんは、覗き見した場所が京都の両替屋の屋根にあった物見台であることに注目するんです。

むかしは米や金銀の相場をいち早く知る方法として、狼煙《のろし》がつかわれたそうなのです。この狼煙を、両替屋の物見台で見張る役職がありました。世之介もそういう役をさせられていたので、屋根に望遠鏡があるのを知っていた。もちろん、当時の商人も知っているから、なるほど、あの望遠鏡をそう使ったか、と膝を打っただろう、と解釈されたんですね。それでこそ、庶民のために書いた文学の本領です。

ついでにいうと、本書の始めに紹介した黄表紙も、絵入り、ひらがな書き、台詞入り、荒唐無稽なファンタジー、それでなおかつ政治批判、という西鶴文学の後継者です。黄表紙作者は幕府から睨まれました。自殺した人もいます。

さて、『好色一代男』が気になってきたところで、作者の井原西鶴がどんな人物だったか、おどろきの人生をお話ししましょう。

西鶴は関西の商人で、商売もやりましたが、それ以上に俳諧の道にいそしみました。じつは松尾芭蕉と同じ時代の人であって、東の芭蕉、西の西鶴といわれるような俳句の鬼才でした。それも芭蕉と同門、西山宗因《そういん》という師匠の弟子だったのです。西鶴はライバルの芭蕉が作る句をなかなかいいと言いましたが、芭蕉は西鶴をぼろくそに言っています。下品とかというふうに。

なぜ下品と言われたかっていうと、西鶴が残した句を、読むとわかるんですが、花鳥風月とかわびさびとか一切関係ないんです。町人たちの喜怒哀楽の話を、「今日は死んだ奥さんの三回忌にあたるからせめて奥さんの好物を供えたいんだ」とかいうような感じの日常詩なんですね。「隣のおやじが酒飲んで酔っ払ってら」みたいな。

そういう句風のせいで、関西ではニューウエーブと見込まれていたんだけれども、西鶴は奥さんが亡くなったとき、奥さんの追善供養のためにとんでもない仕掛けを考えつくわけです。

当時の俳句はまだ連歌の流れを汲んでいたので、いろんな人がどんどんつなげる句、連歌ってありますよね。最初の人がこう読んだら、最後の一文につづけて俺はこうやろうみたいな。大喜利《おおぎり》みたいなのをやっていたわけです。で、奥さんが亡くなったときに、追善供養として、一晩に千句詠んでみせたわけです。早詠みです。奥さんの供養のために、一晩で千句ですよ。みんな驚いた。嘘だろうって。でも本当。証人なんかもいたりして。そしたら挑戦者がやってきて、「じゃあ俺三千句」と。で、西鶴も「じゃあ俺四千句」って。最後は、一昼夜で二万五千句。すごいです（あ、ここのところ文章は西鶴の早詠みスタイルを真似て書いてます。こんな具合に連射法みたいな日本語を繰り出しました）。

だれかが計算したんですけれど、20秒に一句詠まなきゃいけない。そうなると、わびさびとか、花鳥風月なんぞやっている暇はないんで。とにかく20秒ですから。隣にいる人を見て、見たまんま「あいつのネクタイきれいだね」みたいに反射的に一句つくる。そういうのが延々とつながるわけです。で、これが大ニューウエーブになります。

西鶴も一晩で二万五千句ぐらいになって、考えたんでしょうね。「俺もう俳句止めよう」

と。

そこで今度は俳句みたいな縛りがない散文の小説を書くことにしました。好色作家・西鶴はこうして誕生したのです。

よく考えてみたら、日本文学って俳諧も含めて、なんか雅なことばっかり追求していて、一般の人の喜怒哀楽とか大金儲けて喜んだとか、もてて、もてて、しょうがない、みたいなことはどうして文学にならないんだろうと、ふしぎでした。俳句のほうでも、だんだん川柳っていうのが出て来ていますが、西鶴は一気に小説のほうへジャンプしました。関西に俳句の「ドン・キホーテ」がいなくなるわけです。

西鶴がいなくなった後、関西にはスターがいなくなったわけですから、同門である江戸の芭蕉が、これから文学の本場の関西に乗り込もうとしたようです。それが関西への旅立ちの一つのきっかけであって、途中で病気になって行けなくなった。「旅に病んで夢は枯野を駆け巡る」という「夢」は、その夢ではなかったでしょうか、という人もいます。「江戸で確立した蕉風という俳句のスタイルを、関西でも見せてやる！」

いかにもありそうなことです。最後までライバル同士だった芭蕉と西鶴のことを思えば、なおさらです。

本を愛するとは、その著者を愛することだともいえます。読んでいくうちに、その人のことが好きになってくる。

西鶴だけじゃありません。「読む」というお付き合いの仕方をしているうちに、たいてい著者のことが好きになってしまいます。しかも、そのきっかけは人それぞれに違います。私の場合はきっかけが「眼鏡」だったのですね。眼鏡が西鶴につながる。こういうところに、読書の無限のおもしろさがあります。みなさんは、どんなきっかけで西鶴に行きつくでしょうか。関心をもったのが吉日です。ぜひ実験してみてください。

本はキャラクターとタイプで個性を持つ

むかし、作家は、自作のテキストが句読点一つ変えられても、激怒したものでした。それだけ、文章を自分自身の結晶体、あるいはユニットと考えていたのです。たとえば太宰治『斜陽』は、一文章だけを取り出してあれこれ言ったところで、その小説を読んだことにはならなかったんですね。問題は本全体にあるのです。表紙や、帯の宣伝文句まで、作家の一部なのです。いわんや、現在のような「コピー&ペースト」全盛時代にテキストの中の一文、一語が他人に「盗まれて使用される」ことは、ありえないことでした。書物には人格があったんですね。その一部を無断転用することは、手足をもぐのと同じ乱暴な振る舞いでした。

そこでですが、「キャラクター」と「タイプ」という英語を思い出してください。注意すべきは、どちらも印刷用語でもあることです。キャラクターは文字、タイプは活字の意味でもあります。キャラクターは、いまでは「キャラ」と短くして、その人の性格特性をあらわします。印刷・活字の技術と共にうまれた非常に重要な概念で、「その人らしさ」を意味しています。

個性と訳してしまいがちですが、この「らしさ」はユニークというのでなく、だれが見ても分かりやすい典型という意味にとらないといけません。なぜなら、いまお話ししたとおり、この言葉は同時に「文字」をあらわすからです。たとえば警察官らしい顔、態度、服装をしている。これが「キャラクター」です。

もう一つは「タイプ」です。「あの娘はジャスト・マイ・タイプ」などと使われますね。このタイプも「活字」を意味しました。キャラクターよりももっと妥協のない「らしさ」です。どこか一つでも「かわったところ」があってはいけません。四角四面です。ということはつまり、想う通り、どんぴしゃの彼女が現われた、という意味ですね。こうした言葉の流行も、本の普及と関係があったと考えられます。

そんなわけで、キャラクターとタイプで表現される書物を読むときは、その本に人格を認めなくてはいけません。リスペクトがなくてはいけない。書物には人格が宿る。これは本と読書を愛する人間にとって、今こそ再確認しなくてはならない重要事項です。

ところがいま、キャラクターもタイプも危機にさしかかっています。印刷本にかわって、コンピューターがデザインする文字が登場しつつあるからです。まず、本に備わっていた「ユニット」性、つまり人格が危機に襲われています。

紙の場合、本の一部を盗もうとしたら、そのページを破り取らねばなりませんでしたが、いまはテキストの一部を切り取り、他の文章に貼り付けることがいくらでもできます。本の人格性にたいするリスペクトが消滅し、何の罪悪感もなしに作家の文章も何もかも、みんな自由に切りばりされる時代になったのです。

私は、本のパワーが失われた一つの原因に、本の物体性が消えたことを挙げておきたいと思います。このことは、印税とも関係があります。

作家の所有権の証《あかし》として、本一冊一冊には「印税」という金銭が支払われます。なぜなら、本という印刷物はそれを書いた作家の所有物でもあるからです。その権利を著者から買い取るわけですね。

しかし、デジタルにはもはや「本」の実体が存在せず、オリジナル（原本）も存在しない。こうなると、本が持っていた人格も失われるでしょう。もう、ずたずたにしてもいいや、ということになります。キャラクターもタイプもありません。

「本」のパワーが弱まりつつあることの、いちばん考えるべき問題を、ここでお話ししたいと思います。

2013年に、たいへん考えさせられる本が刊行されました。『一〇〇年目の書体づくり――「秀英体　平成の大改刻」の記録』（大日本印刷）と題された本です。

すでに百年使われてきた活字用の書体に、「秀英体」というのがあります。秀英舎は、いまの大日本印刷の前身でした。しかし、人びとに愛された活字本の書体も、１００年経つと、さすがに時代遅れになります。

吉本ばななの本にも使われた美しい活字ですが、いま、デジタル用に転用され、いかにも見にくい字体になってしまいました。これではいけない。デジタルでもきれいに見える書体に生まれ変わらせなくては、と現場の人たちはかんがえたそうです。

そこで、秀英体を未来の書体ならしめるために大改刻が実行されました。電子書籍にまで転用された結果「ほんらいの姿」を失ってしまった「活字」を、未来にも使える気品ある書体に創り直す作業です。

これは、たかが書体デザインのチェンジと言えなくなります。紙質、製本、レイアウト、写真、書体、匂い、手触り、そして作者の人格の復活でもあります。『一〇〇年目の書体づくり』は、大日本印刷が社を挙げて10の書体を構成する文字12万字を大改刻した、そのドキュメントなのです。

ところで、この本の冒頭に、印刷で一番よく使われる「明朝体」の、改刻前と改刻後

▲「秀英体」改刻前（まん中の列）と後（下の列）※『100年目の書体づくり——「秀英体　平成の大改刻」の記録』より転載

の見本が三種類掲載されています。いや、驚きましたね。なにしろタイプですから、型なんか変えようがないはずなのに、改刻された活字はみごとな統一感とまとまり感があります。前の活字が、ほんとにバラバラで見にくく思えるんですよ。

では、どこがどう変化したのでしょう。この本に実例が載っていますので、活字がどう変わったかがよく分かるんです。

まず、金属活字時代の字体が示されますが、いま見ますと、太くて力強いんです。横にピンと張りだした元気さがあります。金属活字は、いわばタイプの本家で、やはり格が違います。

つづいて、現在電子書籍にも使われる活字はどうでしょうか。電算用の活字は、もはやタイプとはいわず、フォントなどと呼ばれていますが、細くて個性がなくなっていました。いや、びっくりしました。本の人格がなくなるのも無理はありません。そもそも書体が没個性的になってしまっていたんですから。

そして平成の改刻で生まれた新字体はいかがなったでしょうか。おお、これは先祖がえりだ。金属活字時代の「タイプ」に近づきました。太さがはっきりしてきました。はねるところはしっかりはねて、毛筆の良さが戻った感じです。

しかし、こうなるまでにはデザイナーや編集者との激しいやりとりがあった。きれいに整えすぎて文字に人格がなくなり、また重力に耐えるかのような下への歪みがよかったのに、それがなくなったといわれ、それを取り戻すのに苦戦する。おかげで、他社の真っ直ぐな活字がみんな曲がって見えるようになってしまったほど、試作の活字をみつめて暮らしたというのですから、すごいです。

これを読むと、写植に変化した時代も含めて、やっぱり物体であった紙の本で生まれた活字の存在感は大きかったと思います。みんな真剣に字を考えていたわけですね。しかし、デジタル世界に移行しつつある今、そのこだわりはどこへ行ったんだ、と思いますね。まず、字種がそろいません。ドットの集合で文字を表現してますから、もはや読むに堪えない。たとえば、「ぱ」と「ば」のような濁点と半濁点は、パソコン画面上の文字ではいまもって区別がつきにくいんです。

こういうことを何十年も野放しにしているデジタル世界が、紙の本に代わる読書のツールになる、なんて言い放つのは、あまりにもおこがましいと思います。ぜんぜん、紙におよびませんよ、まだ。書物のほうには、華があるんですね。文化と文明の集積が、一冊の本に具現しております。それに比べると、デジタル本はまだ「おもちゃ」段階でしょう。

本には「悪の華」もある

むかしルネサンス期に、「ヴィラ」という郊外の開放的な社交空間が生まれました。季節を愉しむ貴族の別荘みたいなものと訳されていますが、もうちょっと独特な役割を果たしていました。

それまでのヨーロッパ中世で人工的な自然といえば、砦の中の庭園がメインでした。そこに薬や食べ物といった実用的なものばかりを植えていました。

しかしヴィラができると、そこは壁のない開放空間となりました。千客万来。花を植え、ベンチを置き、ブランコなどを設《しつら》え、池をうがってボートを浮かべる。まるで遊園地のような空間が現れたのです。そこで人々は話し合い、談合をしました。そこでは、恋愛から取引の交渉、さらに政談から腹の探り合いまで、さまざまな思惑が言葉でやりとりされるのです。

こういうヴィラがルネサンス期にできる前は、町も邸宅も周囲を砦のように頑丈な壁で囲んでいました。周囲には敵がいて、その相手とは戦争という形が付きあいの基本でした。ですから、会話は要りません。しかし、そういう中世的な習慣がなくなったあと、近代にはいるとあらゆる付き合いは会話によっておこなわれるようになりました。その舞台として、ヴィラが作られたのです。

ただし、会話による付き合いは平和な手段ですけれども、そこで交わされる言葉にはウソや値踏みやごまかしといった駆け引きがありました。そのような、言葉による誘導が新しい「平和な戦争」になったのです。

その中で怪文書と呼ばれるものが西洋に出回りました。パンフレット形式で、中に秘密の情報や悪口が書いてあったのです。そのばら撒き理由や目的はいろいろありましたが、一つには人心を混乱に誘うということがありました。つまり、悪意の本が誕生したのです。

近年でも、このような悪意ある書は存在し、一部は情報によって敵国を破壊するといった「言葉の戦争」用に仕組まれた武器のような悪書が出回りました。その一例が、第二次世界大戦時にドイツが仕かけた『ノストラダムスの予言』書です。アメリカやイギリスをターゲットに、予言書を「ドイツの勝利を予言していた」という形式で解読するのです。これを連合国側に流すことで相手を混乱させる。じつに高等な戦術です。

このような「悪意ある書」のうち、20世紀に最も槍玉にあがったのが、共産主義の宣伝パンフレットです。青少年の教育によくない「悪書」なんていわれました。どちらもバイオレンスや不道徳を称賛する本とされ、心の「毒」といわれました。アメリカ現代

▲『有害コミック撲滅!』

史の中では、こうした毒の本が二種類有名になったのです。一つは、「赤狩り」の対称となった本。これは共産主義を宣伝する刊行物に対し、言論弾圧のように実行されたものでした。多くの本が発禁や弾圧を受けました。

そしてもう一つの悪書は、アメリカではなんといってもコミックでした。漫画です。漫画は暴力礼賛、犯罪への興味、そしてバイオレンスの肯定を主とした内容により、子どもの心を害する悪書であるとして、国をあげて追放運動が起きました。

読書を愛する人、とくに漫画が好きな人には、ぜひ読んでほしい本があります。デヴィッド・ハジュー著『有害コミック撲滅！――アメリカを変えた50年代「悪書」狩り』（岩波書店）という本です。

私はこの本を読んで、自分自身に起きた出来事の大元がアメリカにあった事実を知りました。まず、アメリカで起きたことを、この本に即して申し上げましょう。

1940～50年代にアメリカン・コミックは悪書とされ、撲滅運動に襲われました。ちょうど同時期に発生した共産主義者への言論弾圧、いわゆる「赤狩り」旋風と比較しながら眺めてみると、「悪書」のレッテルがなぜ貼られたのか理解できるようになります。

この時期アメリカは青少年に害をなす「悪い文化」を排除しようとして、共産主義と漫画をターゲットにしました。この両者に何か共通点があったのでしょうか。著者によれば、赤狩りは共産主義かぶれのエリート層を狙い撃ちにし、他方コミック撲滅は愚かな俗悪文化の浸透から保守エリート層の価値観を護るということだったといいます。

もうひとつ似ていたのは、双方ともに、あらゆる弾圧に屈せず好きなものを護って戦い続けると決意した熱烈なサポーターがたくさん付いていたということです。共産主義の本も、アメリカン・コミックも、マニアがたくさんいて、他人からなんと言われようと読み続ける読者に支えられていたんです。

ところで、アメリカン・コミックというのは新聞の販売拡大戦略として活用された初期から、自由闊達《かったつ》で賢くて生活力ある「悪ガキ」が主人公でした。子どもはそういう主人公が大好きなのですが、大人は嫌います。子どもがそういう風になってしまうのではないか、と危惧《きぐ》したからです。でも、漫画は英語が分からない非英語圏の移民でも、楽しめます。それで、異文化地域からの移民にも新聞を買わせるという目的ゆえに、新聞はコミックを載せました。

その後コミックは「スーパーマン」などの超絶的ヒーローを誕生させ黄金時代に入りますが、依然としてエリート保守層からは、「たった一人で敵を倒す英雄は独裁者讃美を子どもに植え付ける道具だ」と批判され、女性の英雄「ワンダーウーマン」にしても、「街中を水着で走り回るような不道徳な習慣を伝播《でんぱ》する、心の毒だ」と指弾されていました。現在映画化されて復活した「バットマン」や「スパイダーマン」にしても、映画を観れば分かるとおり、単純な正義の味方ではなく、暗い影を背負った複雑な性格の持ち主なんですね。

したがって大人たち撲滅推進派は、子どもの眼前で悪いコミックを焼くという秦始皇帝まがいの「焚書《ふんしょ》」まで実行したわけです。もちろん、そこには不道徳で暴力的な漫画の害毒から我が子を保護するという親らしい動機以上の切実さが感じられます。共産主義と同じように理解不能なコミックという「新文化」にむらがった若者たちに、既存の文化秩序を破壊されてしまうかもしれないという、大人たちの恐怖ですね。

アメリカ人はすごい、と思った話が、ひとつあります。本書によると、14歳のコミックマニア少年が、当時の権威ある書評誌が掲載した「コミックの有害性」を糾弾する学者の論文に対し、大人も舌を巻くような堂々たる反論を送りつけてきたという事実です。その子は、大人を言い負かしたんです。

その本は、コミック出版側が実行した禁圧逃れも、しっかり追跡しています。犯罪や暴力がだめなら、恋愛ロマンスやホラーに切り替え、それでもだめなら、刑法では裁けない怪物や宇宙人を悪の存在として登場させました。なんという変わり身の早さ！　いまは子どもの大好きな悪役「ゾンビ」が全盛で、倒されても死なない存在がアメリカのテレビや漫画にいくらでも出てきます。

そして、以上のようなマンガ弾圧の波は１９５０年代に日本にも押し寄せたのです。それが、有害図書排撃運動です。

私も小学生のとき、この悪書追放運動にやられました。私はその当時、平田弘史先生の時代漫画が大好きでした。先生の作品は、血がドバドバ飛ぶんです。アクション漫画の代表にされて、「暴力的だ」と言われていました。ＰＴＡや学校が本当に「悪書」を燃やしていた時代の話なんです。

でも私は、この平田先生の本格的な時代漫画で、徳川時代のいろいろなシステムや武士道とは何かということを学びました。

先生は真正面から、読者が子どもであることを忘れて時代劇を描くんです。だんだんと漫画から劇画になり、時代劇映画を紙で見ているような感じになってくるんですね。刀の反り、刃のきらめき、袴《はかま》の皺《しわ》の付き方、全部がリアルでした。省略しないから、この漫画を私は時代風俗のお手本としてもたいへん愛読していました。

けれども、学校ではそういう漫画を見てはいけないのです。私は理不尽だと思いました。平田先生の絵を通じて、私は江戸時代にタイムスリップしていたんです。ですから、この本を守ろうと思いました。「お前は悪書を読んでいる」と言われても、ぜんぜん構わないと思いました。なぜなら、私はこの悪書を知の導き手と尊敬していましたから。

そして平田先生が、いったいどんな経緯で漫画家になったのか知りたいと思っていました。そうしたらつい5年前に、60歳を超えられた漫画家の巨匠に会えるという企画をやらせてもらったんです。そのとき、まっさきに平田先生を訪ねました。

本当に本を読もうとしたら、命がけのバトルになるということを、私は知りました。もちろん、読書をしたいなと思っている人の多くは、そんな血しぶきが迸《ほとばし》るような読書を期待していないとは思います。でも、本のまわりは敵だらけだということを知っておいて。損はないと思います。敵だらけの本を守り、後世に伝えていくことは、大変な仕事なのです。

時代横断的な本を読む

ここから、私たち本に目覚めた団塊の世代が新しく置かれることになった読書環境について、お話ししたいと思います。

読書の方法論にかんして、私をもっとも夢中にしてくれた書き手は、国立民族学博物館館長だった梅棹忠夫さんと、ＩＴ書斎を誰よりも早く紹介した紀田順一郎さんのお二人です。この先輩たちが築いてくれた読書の「方法」について、順番に見ていきたいのですが、その前史とでも言うべき書物があって、それがＨ・Ｇ・ウェルズの『世界文化史大系』（世界文化史刊行会）という本なのです。

１９６０年代のキーワードは「時代横断的な全集」でした。次から次へと全集が出ました。初めて、知の全体像を示そうという大型企画が現われたのです。日本も世界を相手にする出版物が制作できるようになった、ということでしょうか。

世界と日本の文学全集や、推理小説全集など、やたら大型企画の本が出版されましたが、いまとちがって、名作文学がメインの時代です。また、出版自体が文化人のものでした。たとえば百科事典の平凡社。この当時、家に百科事典をずらりと揃えるのが夢でした。

それはともかく、あのＳＦ小説『透明人間』を書いたＨ・Ｇ・ウェルズは、そういった全集のような世界史を独力で執筆した最初の作家の一人でしょう。

『世界文化史大系』というタイトルの分厚い体系本が戦前に出ました。これをコンパクトに2冊にまとめたのが戦後の『世界史概観』という岩波新書の本です。読みだした途端、頭がくらくらするほどの広がりを感じましたよ。私は高校生でしたから、これを読んで腰を抜かしました。

「世界史」というからには人間が主人公なんだろうと思ったら、地球が主人公なんです。しかも始まりは「時間」と「空間」の誕生から。そして生物の始まりが語られ、魚類とか石炭紀、爬虫類、ジュラ紀、鳥類、哺乳類の話なんかが延々と続きます。ようやくネアンデルタール人が生まれて、現生人類の話になるまで、すでに十章も費やしている。しかも、ここからがまたスゴイ。原始思想あり、農耕の始まりあり、アレキサンダー大王の次には中国の孔子や老子の話あり。そして十字軍の話がきて、ようやく折り返し地点という、とんでもない本でした。

ところで、この『世界文化史大系』とおなじタイトルの本で、頭に「図説」が付いた大部な叢書が、やがて角川書店からも発売されました。私は「ウェルズの再版かな」と思いましたが、まったく違う体系本でした。しかも、このパースペクティブがすさまじいんです。著者は日本人。

しかも内容は、せせこましい「文化」でなくて、超越的な「文明」にスポットを当てているんです。もう文化みたいなチマチマしたものは嫌だ、これからは文明だ、といった意気込みにあふれた本でした。内容も、主体が技術史です。

文化というと、どうしても心の問題みたいになってしまうけれども、それよりも灌漑《かんがい》の発明であるとか、車輪の発明であるとか、なぜ「何馬力」と「馬」の力を単位とするようになったのかとか、徹底的にモノにこだわった、つまり文明にこだわった編集方針です。書き手はおそらく、当時の新進気鋭の若い学者たちに割り振られたのでしょうね。その中の一人が、梅棹忠夫だったんです。

この「大系」で梅棹さんの道具とか文明に関する解説を読んで、「まるで頭の構造がちがう」と思いました。それで梅棹さんの名を覚えたんですが、さらにこの人が岩波新書から出した『知的生産の技術』という本に出会いました。

知的生産というキーワードがたいへんに魅力的だったのです。読書も記録取りもフィールドでの取材も、すべてこの言葉で一本になりました。それを総合的にカバーできる技術を公開したのです。これには驚きましたね。

『知的生産の技術』の先見性

まず、この本の冒頭にすごいことが書いてあります。

「学校で教えることは、ほとんどアリガタ迷惑である」

いくら学校で教えられても、あなたの知的生産に結び付けられるような持ち芸にはならないよ、といきなりこうです。そして、芸と学問というのは似たようなところがある、と言うんです。

「芸は師匠から盗むものである。盗まない限り、芸のコツなぞ師匠は教えてくれない」

こんなことが書いてあった。つまり、体験が非常に大切であり、あるいは自分でみつけることが必要なんだ、気付くことが必要なんだ、と述べているわけです。

読書だって、本を消費するのではなくて、本の中に乗り込んでいく気合が必要だというあたり、これまでのお話とも通じます。梅棹さんはその先達であり、学問にも乗り込

▲『知的生産の技術』

んで行って、盗まにゃあかん。自分の考え方に同化させることが非常に大切であり、受け身では成就しないんだ、という主張を現実にやって見せてくれました。

じゃあ知的生産を達成するのに、どうしたらいいのか？　それにはテクニックがいるよ、と、こういう振りから始まります。

メモの取り方をはじめとして、いろいろ自分で開発する必要があるのですが、中でもすごかったのは「日本語はダメな言語である」という説です。

これは梅棹さんの持論なんですが、とにかく日本語ほど扱いにくい言語はない。トータルなシステム化もしにくいし、似たような音で意味が違うとか、そういう不具合が多い。ごちゃごちゃ書いてあって、最後まで読まないとYESかNOかもわからん。

つまり、行き当たりばったりに決めたルールがいっぱいの、じつに非システマティックな言語だというわけです。

そういう発想の持ち主でしたから、「知的生産」と言っているけれども、「読書」が主眼じゃないんですね。ジャングルの冒険やヒマラヤ登山まで含まれています。

「俺たちは部屋にひきこもって本を読んでるんじゃない。俺たちは知的な生産をやっているんだ」

そんな迫力があります。つまり、知的に行動しているわけですね。本を読むだけじゃなくて、向こうの世界に入っていって、取れるものは全部取ってくる。あるいは、盗んでくる。そういう発想の本です。

でもそれには、能率のいいノウハウが必要。それで、梅棹さんは山岳部でしたから、みんなでチームを組んでいろいろなことをやろう、となった。共同フィールドワークの発想ですね。

読書も基本的にはフィールドワークである。そのためには、常時いろいろなメモを、単元ごとになるだけ細かくとる。それをあとで整理し、並べ替え、他人とも共有できる形につなげる。これが世に名高い「京大カード」の根本発想です。

なんのことはない、今から見れば紙でやった検索コンピューターです。どんどん打ち込んで、データをファイルにばんばん投げ込んで、あとでそれを自在に整理・検索させる。

むかし、学者たちがスクラップブックとか忘備帖と呼んでいたものを、細かくランダムカードする。いわばデジタル化したわけです。これならどこにも持っていけて、どこでも取り出せる。調べなおすときも、以前なら頭からノートをめくっていたのを、一発で検索がきくシステムを紙でつくろうとする。

たとえば「貨幣」についてカードをとり溜める。この「貨幣」の箱をつくっておき、そこにカードをどんどん放り込む。いざ貨幣について本を書こうとしたとき、この箱からいろいろな情報や知見をとりだせば、カスタマイズされた知的生産になるだろう、ということです。ほんの一例ですが。

それまでの「書物は三回読め」などという精神論とは無縁。この梅棹さんの知的生産に関する態度と方法、そして京大カードは大ブームになりました。梅棹さん以降、読書の仕方が変わった。とくに私たち団塊の世代にとっては、一つの共通認識となりました。ゲーテと、さいとう・たかをを並べて読み、そこから平等にデータを取る。こういう感性はまさにデジタルの感覚なんですね。それまでの「読書世界」や「読書経験」では、さいとう・たかをからゲーテに行くまでに、いくつもの階段があった。まずはさいとう・たかをから大藪春彦に行って、とかね。

でも、「おもしろければ同価値だろう」というわれわれの世代のデジタル感覚と、梅棹さんの整理術のノウハウはぴったりきた。しっくりきたんです。

その意味で記念碑的な本であることは間違いありません。いまから読めば古いに決まっています。「これ、パソコンでやればいいじゃん」で終わりですから。しかし、読書の原理が「知的生産」という言葉で表現できることを示した、当時としては画期的な本だったというわけです。

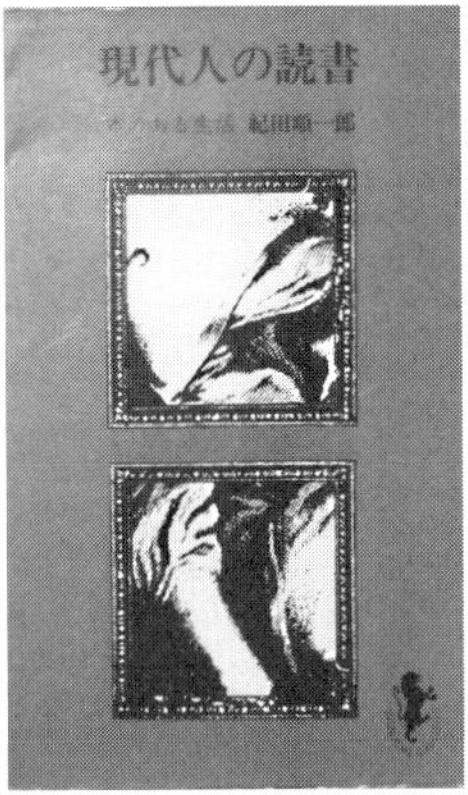

▲『現代人の読書』

紀田順一郎先生と運命の出会い

この梅棹さんの方法にも刺激を受けた紀田順一郎さんが、それを読書にもっと接近させて著したのが、『現代人の読書』（三一書房）という本です。忘れもしない、1964年、私が高校3年の6月でした。この本が学校の図書館に入ったので、真っ先に借りて一晩で読了しました。じつは、私は梅棹さんの本の前に、この紀田先生の本を読んでいますので、新鮮さは倍でした。梅棹さんの本のことも、『現代人の読書』で知ったのです。

梅棹さんは「カードを作りなさい」「検

索できるようにしておきなさい」ということを教えてくれたのですが、この紀田さんの本で初めて「ソーティング」という言葉に出会いました。「機械的にソーティングしましょう」という発想に、また驚かされたんです。

ソーティングというのは、いまの言葉でいうと、検索方法のことです。パソコンがない時代でしたから、機械的にやるといっても、メカニズムは手作業です。

その方法は、パンチカードを使用することでした。一枚の紙のまわりにたくさん穴があいていて、この穴に切れ込みをいれるんです。たとえば、旅という項目を三番目の穴で管理するとしましょう。まず、旅に関するおもしろい話にであったら、その内容、出典などを一枚のパンチカードに記録し、三番目の穴に切れ込みをいれます。駅で切符にパンチを入れる、あのスタイルです。

そういう記録メモカードをたくさん溜めておくのです。そして、旅に関するデータが必要となったときに、パンチカードの山を持ってきて、三番目の穴に細い棒を差し込み、強く振ります。すると、この穴に切れ込みがはいったカードだけ、支えがないので、下に落ちてきます。こうして、今までに溜めた旅のメモ書きが瞬時に取り出せるのです。

しかも『現代人の読書』はそれだけでなく、本にカバーをつける仕方とか、ヨレた本の直し方、古本屋の巡り方、「花布《ぎれ》」や「のど」といった本の部位の専門用語など、徹底的にガイドしてありました。まさに読書テクノロジーの百科事典です。

これで知的生産術は極まったかな、と思っていたら、あとからコンピューターが出ました。これは私が就職したあとの話ですが、何の因果か、すぐにコンピューター室というところへ行かされました。約10年間、そこでコンピューターと格闘することになります。

でも、入った途端、コンピューターの原理がわかったのです。「これ、ソーティングカードと同じじゃないか」と。プログラムは、穴を空けるんです。パンチカードで読み込ませるんですよ。コンピューターはその穴を読む。穴を規格によって読み込んで、言語化する。コンピューターの原理には「知的生産」の方法が活かされていたわけです。

梅棹さんの本はドライな方法論でしたが、紀田さんの『現代人の読書』は、本への愛着が溢れる内容でした。特価本のコーナーだって探せばいくらでもおもしろい本があるよ、なんて教えてくれる。

さらには判型の名称まであって、ショックを受けました。たとえば「フールスカップ」

って何だ、みたいなね。フールスカップとは、印刷するための大きな原紙のサイズのことです。

紀田先生の本を読んで、私は思いました、「これで俺も本のプロになれるぞ」と。

また、いろいろな人が挙げた「外国文学ベスト10」みたいなランキングも延々とリストが載っていて、要するに各人各様であり、「人の挙げた必読書リストを追っても仕方ないよ」ということまで教えてくれました。

くりかえしますが、『現代人の読書』は梅棹さんの本に、書物愛という観点までとり入れた、私にとって決定的な本なのです。

じつは私、『現代人の読書』を読む以前から紀田さんのことを知っていたんです。高校1年ごろからです。当時『マンハント』というハードボイルド小説を売り物にする軟派雑誌があって、私の大好きな雑誌でした。なぜって、この雑誌に載るエッセイが抜群におもしろかったからです。

ちょうど東京オリンピックのころから出ましたので、あの野坂昭如《あきゆき》さんがオリンピックにかんする雑学を書いておられました。片岡義男さんは洋書の案内です。しかも、戦後のC調自由文体とでもいうべき新世代文章の旗手となった植草甚一、田中小実昌、湯川れい子、それに大橋巨泉さんや永六輔さんらが私たち子どもを刺激するような文体を駆使していました。

それはもう、キラ星の如し、です。湯川れい子さんのジャズ論なんて、とんでもない書き方をしていました。井原西鶴的なんですね。いろいろ書いたあとに、「れい子困っちゃう」と書く。どんな人かと思ったら、なかなかの美人で、好きになっちゃいました。

そして、わが紀田順一郎先生もその寄稿者のお一人だったのです。

植草甚一もまた、独特な文体をあやつった人でした。不思議な文章です。散歩している感じのよくでた文章で、古本屋で値段が高すぎる本を、消しゴムで消して適正価格に書き直したり、さまざまなエピソードの持ち主でした。彼も本当に本を愛した人物だと思いますけれども。

そういう新しい日本語を書いていた人たちが、新しい文化を吸収して発表しているのが『マンハント』という雑誌でした。

紀田先生はそこで「現代ビジネス案内」というエッセイを担当しておられました。最近はネズミが多くなって困っているので、「ラットキャッチャー」というネズミを捕まえる会社ができた。あるいはプールに浮かべた死体を運ぶアルバイトがあって、これがえらく給料がいいなんて紹介してあるのです。

実際、私は死体運搬の記事を読んで「これはよさそうだぞ」と夏休みにバイトしようと思い、監察医務院というところに電話したことさえあります。けんもほろろに断られたと記憶しておりますが。

また、当時は美容整形が脚光を浴びましたので、その紹介記事もありました。「あなたの右目をブルーに、左目を黄色にもできる」みたいなことが書いてある。「青い目にもなれるんだ！」と。

そういう、おもしろいモダンビジネスを、軽妙な文章で書く人なんだ、と思っていたんです。ところが、その人がいきなり『現代人の読書』という本格的な、梅棹さんとも通じる知的生産の発想を披歴し、さらには愛書感あふれる本を出すなんて、思いも寄らなかったのです。

さて、ここからが奇跡というか、運命というか、私はその紀田先生と知り合いになることができたのです。

じつは中学3年のころから、私は西洋の幻想文学にハマリました。日本ではなかなか翻訳がなくて、その筋の翻訳を一手にひきうけていた平井呈一という先生に「弟子にしてくれ」と手紙を書いたのです。平井先生は小泉八雲の翻訳者として有名な人です。

するると返事が来まして、

「私はもう年寄りなので、もっと若い人に付きなさい。ついては佐藤○○という人を紹介してあげます」

こうしてちょうど『マンハント』なんかを読んでいる頃に、佐藤さんにお手紙を出しました。「平井先生の紹介で、幻想文学の師匠になっていただきたいのです」と。すると封書で返事が来たのですが、その封書の裏を見て震えあがりました。

「佐藤○○（紀田順一郎）」と書いてあったのです。

「ええ、なにこれ！　自分が好きだった紀田順一郎さんの本名だったなんて!?」

軽妙なエッセイを書くライターというかルポルタージュの人だとばかり思っていたのに、じつは私の大好きな幻想文学も研究されていらっしゃるとは。

こうして私は平井先生と紀田先生の弟子になったのです。

しかし『現代人の読書』を読んだときは、まだ紀田順一郎＝佐藤〇〇とは知らなかったときです。それだけに、紀田順一郎の名は、私の頭の中では別カテゴリーに区分けされていました。考えてみれば、人間には運命みたいなものがあるのです。みなさんも師匠をもつことをおすすめします。未来がひらけます。

さて、梅棹→紀田という流れに話を戻しますと、このあとにもうひとり有名な人物が知的生産の本を書きました。それが渡部昇一さんの『知的生活の方法』（講談社現代新書）です。

この本も大ベストセラーになりました。発想は同じで、ノートやコピーやカードの取り方について教えてくれているのですが、渡部さんはもう一歩ドライでした。

「探してもなかなかみつからなかったり、わからなかったりしたら、そのまま諦めなさい」

というようなことが書かれています。ちょっと唖然としましたけれど、すごい合理的だな、と思いました。

「いつかまた出会うはずだから、そのあいだは違うことをやっておきなさい。無駄な時間を過ごすこともなくなります」と。

諦めるというのもまた、「知的生産」の「方法」の一つだ、と教えられた気がします。

こうした梅棹、紀田、渡部といった流れが、私たち団塊世代の読書の新しいノウハウを基礎づけてくれました。これらの本は、いまでも参考になります。

私たちはいま、読書ではなく、知的生産の現場にいるのです。

そういえば紀田先生は、日本で最初にワープロを使い始めた作家のお一人でもありました。ワープロソフト「一太郎」の言語変換や漢字変換の委員などを務められ、日本語と格闘した先生です。

これは梅棹さんの「悪魔の言語、日本語」という主張や流れにも乗ってくる話ですね。

当時、梅棹さんは「カナ文字タイプ」というタイプ機械を構想しておられた。もう漢字をやめて、ぜんぶカタカナで表記しようという発想です。

紀田先生も、何百万円もするコンピューターを買ってワープロを使い始める。電動タイプの親玉みたいにバカでかいやつでした。

そうこうするうちに、コンピューターからパソコンができて、一般家庭にも普及し、ワープロソフトも改良を重ねられ、いまや文章はワープロソフトで書くことが主流になりました。この現代史の過程を、紀田先生は身をもって歩いてこられ、私もコンピューター室の経験や、紀田先生の近くで知的生産技術の進展を見ならうことができました。つくづく、紀田先生のお弟子になれてよかったと思います。

ただ、梅棹さんや紀田先生が格闘なさった「日本語とワープロ」の問題は、まだまったく解決されておりません。根本的な日本語研究ができていないのですね。

東大の坂村健さんがトロンという未来システムを立ち上げるときに日本語処理の問題を追究しました。私もおもしろがって、坂村さんのところでいろいろ教えを乞いましたが、そういう基本研究がまだ完全に済んでいません。

だれもが知っていますが、たとえば江戸時代の本のタイトルを打ち込んだって、漢字が出てこない。下手をすると作字しなくちゃならない。自分の名前すら変換されないことがあり、要するに漢字変換については「こいつバカじゃねぇか」という現象がまだ堂々とまかり通っています。

ネット社会における「リスペクト」の喪失

ネット社会になればなるほど、一冊一冊の本に対するリスペクトが、どんどん失われていくように思えてなりません。

私はその原因を、ＩＴ社会の知的技術に潜む根本的な問題に根を発しているのだと思っています。

ソーティングシステムの話でもふれましたように、基本的にコンピューターはすべての情報を細切れにして、検索の素材にしてしまうのですね。たとえば一冊の本の香りや体温のようなものを消してしまう。人格を消滅させてしまう。したがって、本の人格にむけての尊敬の念も失われざるを得ないのです。

その欠陥をおぎなうのが、やはり紙の本です。あるいは手で書いた生の原稿です。そういう生々しい物を残していく必要があるのです。

現在のさまざまな言説を読むと、多くの場合、本に対するリスペクトがない、とおっしゃる人が多いように感じます。ネット関係やＩＴ関係の人たちが本について語ると、本当に愛情がないんです。それは用語にも出ています。

ネット上で作品を公開するのは、「アップする」といいますし、締切は「納期」といいます。つまり、ふつうの生産品と同じ用語なんですね。それから、収入も、ネットで書くときはほとんどゼロ経済と思わないといけません。

このあいだ、ミュージシャンの「つのだ☆ひろ」さんとお話ししたときのことです。つのださんが言いました。

「作家っていいね。お前、本書いているんだろ。いいよね」

「そっちの方がいいでしょう。レコードとか音楽だったら、文字読まない人だって買うし、ダウンロードでバンバン売れるんじゃないですか」

「そう思うだろ。でも俺たちのまともな収入って、ライブだけなのよ。ダウンロードなんて、ほとんどがプロバイダーとかプロダクションとか、中抜きの人たちが持っていっちゃって、１ダウンロードで入ってくるのは○○円だ」

1万回ダウンロードだとしても、いくらにもならない計算になります。

「もしお前が本書いて、1万冊印刷したらいくらだい?」

「そうね、1000円の本で印税は10%、つまり100円入るから、1万部刷ったら、100万円」

「ほれみろ。作家って100万もらえるんだろ。俺らは〇〇万円だよ(笑)。だから、ライブで稼いだりしないといけない」

つのだゝさんは、「ダウンロード業者」には、ミュージシャンに対するリスペクトがないことも見抜いておりました。

「曲ができたとき、なんて言うと思う?『納品してください』だってよ」

これは私もずいぶんと書いてきました。作家から原稿を受け取るときも「納品してください」という業者がいるんです。

そりゃ、モノとして出来上がったCDをタワーレコードに卸《おろ》すときは「納品」でもいいですよ。しかし、作り手が出版社や音楽業界の人であるときは「納品」とは言ってほしくない。そこに愛情がないのでしょうか。太宰治の『人間失格』を読んでも、太宰が津軽の大金持ちのお坊ちゃんだったとか、個人のライフヒストリーが秘められていることに思いを馳せることもなく、表面をなぞってお仕舞いだとすると、悲しくなります。

図書館でずらっと並んだ本の背表紙を眺めたときの、ぞくっとするような、心臓がきゅっとなるような、ああした「存在感」があるから、本の重要性とか存在意義も感じられたと思うんです。もし目に見えないサーバーからダウンロードされるのが図書館でも進行すると、その存在意義というものがだいぶ違ってくるでしょうね。本を大切にしようという気分もなくなります。だいたい形がもうないわけですから。

それと同時に、デジタルって本当に残るかどうかも現段階ではわからない。システムが変わると、まったく読めなくなります。あの素材がどれくらい持つのかもわからない。まだだれも経験がないんです。そういうことを含めると、デジタル化というのは、本の敵が増えたという部分の方が大きいんじゃないでしょうか。

梅棹さん、紀田さん、渡部さんという人たちは、みんな蔵書家です。渡部さんなんて、ご自分の家が図書館みたいなんだそうです。紀田先生のご自宅も、小さな図書館です。

梅棹さんにいたっては、博物館を作っちゃいましたからね。それで、その博物館でコレクションするものを、梅棹先生は「簡単にいえば知のゴミです」と、はじめてお会いしたときに言われました。この一言は痛快でしたね。

そうしたゴミにすらリスペクトを感じる人たちがいたから、おもしろい知的生産ができたわけです。

ちょうど昭和の時期まで、読書の意味や方法などを追求していた人たちは、基本的にみんな蔵書家であり、愛書家でした。この事実は見逃してはいけません。

コレクターは7勝8敗の人生で御の字

たまたま私は『帝都物語』というベストセラーを書けましたので、40歳以降は本を買うお金に困らなくなりましたけれども、それ以前は本当に食うや食わずの生活でした。ほとんど本にお金を使っていたのだから、当然です。本を集めるというのは本当に命がけで、青春や青年の頃に思い描く将来の生き生きとした幸せな希望とは無縁の存在だったわけです。

「どうせ嫁も来ないし、家も車も買えないわ」

そう思い込んで生きていました。人生の目的は大金持ちになることではないんだってことは、ひしひしとわかっていたのです。

どちらの道に進むか、大学ぐらいの時に考えますよね。どうせ幸せに暮らそうと思ったら、好きなことをしている方がいいに決まっているのだから、お化けの本などを翻訳して生きて行こうと思った。

そうしたら、紀田順一郎先生に「やめなさい」と言われました。

「本を集めたり、本を書いたり、そういうことが、どういうことかわかっているのか。あらゆる市民的な幸福を捨てることなんだよ」って言われました。

「だからそういう決断は30歳ぐらいまで保留した方がいい」。そして「結婚も三十ぐらいまではしない方がいい」

そう言われましたので、その通りに努力（？）いたしました。

たしかに本を読み、本を書く生活には、みじめなものがありました。私は学校を出てサラリーマンをやっていましたけれど、早く定年が来ないかと思いつつ、毎日会社へ通っていました。

「定年まであと32年と5か月」

などと数えながら、55歳の定年を夢見て、それでも夜中は翻訳したり本を読んだりしていました。睡眠時間は2時間くらいでした。

そんな生活をして、いかに大変かわかっていたので、必然的に作家やコレクターや愛書家たちの生きざまに関心を持つようになりました。

そして得た結論は、「努力すれば努力するほど、あまり幸せにはなれない」というものだったのです。

まあ、本人は好きなことをしているわけですし、覚悟もありましたから、幸せだったのでしょう。しかし、他人の目から見ると、残念や無念なことが一杯あるように見えたと思いますよ。

私はよく7勝8敗と言うんですが、本を愛したり、読んだり、集めたりすることに限らず、人生は相撲でいうなら7勝8敗まで持っていければ御の字です。ひとつ負け越しぐらいで済めば、コレクターという生き方は成功です。8勝7敗なんてかなり無理です。

そして、これは自分が死ぬときの慰めの言葉として大切にしているんですが、私が星ひとつ負けこしたということは、だれかが星ひとつ拾えたということだと思うんですよ。死ぬときに星一つの「勝ち」が、死にゆく自分でなく、これから現世で頑張っていくだれかの物になった方が、ずっと幸福度が高いはずです。残すより、与えよ。死に臨んだ自分は、このスタイルで行ければいいのではないかと考えています。

だから「7勝8敗で上等」という世界に生きている人たちを見ているうちに、だんだん自分自身の立ち位置みたいなものも見えてきました。

もともと浮いていたので、子どものころはいじめられました。しかし本を読んでいたから、妄想の大家にはなれたのです。いじめられている自分を相対化できたのです。この「相対化」が後にも役立ちました。

世の中すべて相対的なものです。この基準設定を自分なりに設ければ、上も下もなくなる。

この相対化の名人の一人が、いまの私の師匠で妖怪漫画家の、水木しげるさんです。

たとえば結婚するとき500万円の指輪じゃなきゃ満足できなければ、その人の幸福には500万円必要なわけです。しかし水木さんと「ゲゲゲの女房」の布枝《ぬのえ》さんは、「まあこの人でいいか」と、お見合いでお互いあっけらかんと結婚してしまわれたそうです。漫画家って何をする人なのかもよくわからない。お金も無い。でも明るいし、ハンディキャップをいっさい感じさせない。「じゃ、この人でいい」。ゲゲゲの女房は相対化の名人だったのです。

苦しい生活が続くのですが、「なるようになるさ」と呑気にかまえて苦にしない。夫婦ともに「結婚」をものすごく安い値段で買ったことになります。500万円のダイヤなんて要らなかったんです。

あるとき水木さんが巨万の富を持っていると豪語するので、娘さんが、

「巨万の富っていくら?」

と聞いたらしいんですよ。そうしたら、

「そうだな、巨万の富といったら、300万円ぐらいだろうね」

と答えられたそうです。巨万の基準がそれぐらいなら、私でも巨万の富を手に入れられそうです。そういう方なんですね。

水木さんは幸福観察学会というのを作っています。一人だけで、会員はだれもいません。で、あるとき聞いたことがあるんです。

「水木さんが幸せだと思うときはどんなときですか？」

「そうだな、毎日電話があって、電話で仕事が成立し、引き出しをあけて自分の原画を渡したときかな。目の前に、昔のレジスターの目盛りがカチャカチャって動くのが見えて、これを開けるたびにお金が入ってくるのが幸せだな」なんて。

そう言いつつも、本当は「私は眠れたら幸せ」とおっしゃるのです。大先生は、眠るのが大好きなんです。

たとえば会社員が一生懸命働いて、退職金を5000万円もらったとしましょう。それで「自分の人生はなんとかうまくいった」と思ったとすると、その人の幸福は5000万円なんですね。けっこうハードルが高い。

しかし水木さんは、そんなものより眠ってたほうがいいとおっしゃる。夜に寝て、朝目が覚めれば、幸せ。0円で幸せになれるのですから、すごいことです。

よくよく考えてみると、そんなものなのかもしれません。私も好きな取材をして、好きな本を読んで、好きな原稿を書いて、インスタントラーメンでも食えていたら、自分の幸せは50円くらいで買えるんじゃないかと思うことがあります。ビフテキ食べなきゃ嫌だと言っている人に比べて、非常に安い。つまり私は同じ幸せを得るのに、金銭的な尺度を当てはめると、ものすごく安く済んでいるわけです。

自分なりの幸せを安く買えれば、何も稼ぐ必要はない。

そういう意味でなら、本を読んで楽しむ、充実する一生は、幸せだと言いきれます。

いつしか、好きなことをやっているという幸せを得るためには、コストはほとんどかからないということがわかってきました。安心するようになったんです。

そういうことは、本を集めている人たちや、本を書いている師匠たちから教わったことです。

幕末の蔵書家　竹川竹斎のこと

こうした愛書家や蔵書家の先達たちは、幕末期にもたいへん優れた見識を発揮してい

▲幕末商人・竹川竹斎
（射和文庫蔵）

ました。ところが、その人たちの高い志にいちばん鈍感だったのが、明治新政府だったのではないか、と思うことがあります。

　私がいちばん敬意を感じた、そのような不運の蔵書家を、この章の最後に紹介しないではいられません。伊勢松阪の竹川竹斎という大商人です。

　明治維新は、坂本竜馬などの志士たちにスポットが当てられ、すべて彼らの手柄に帰せられていますけれど、その原動力にはコレクターたちの力もあったんです。

　有名なのは吉田松陰ですが、彼だけじゃなく、日本全国にも、自分が集めた蔵書を村の子どもに開放して、その子たちに「日

▲竹斎から送られた刀を持つ勝海舟
（射和文庫蔵）

本」や「世界」の知識を与え、世に出ることをサポートした人たちがたくさんいました。

彼らは、私財をなげうち、自分の読書を通じて、自分をパブリックな存在たらしめようとした人物ばかりです。

なかでも竹川竹斎は注目すべき人であり、三重県の松阪に彼の残した蔵書が「射和《いざわ》文庫」として町の宝物になっています。

彼は当時有数の書物情報コレクターでした。海外のことにも詳しかったのです。その見識を買われて、小栗上野介《こうずけのすけ》から幕政に参加してくれ、幕府外交のコンサルタントになってくれ、と誘われたほどの人物です。

また、若い勝海舟を支援したパトロンであり、咸臨丸でアメリカに渡る勝に日本刀を贈りました。勝は感謝し、アメリカでさっそく、その刀と一緒に写真を撮り、竹斎に送っています。

それだけでなく、立ち行かなくなった村のために灌漑用水をつくり、お茶や桑や焼き物の生産をはじめて貿易を興《おこ》そうと試みた。篤志家というか、まあ宮沢賢治みたいな人ですね。大金持ちでもありました。

そして明治維新が成ったころ、これから小学校ができるというので、「私の集めた本が国の役に立つときがきた」と思い、竹斎は二、三万冊あった蔵書の寄贈を新政府に打診します。

その蔵書にはとっても貴重なものが含まれていました。最新の世界地図だとか、当時の幕府すら持っていなかったようなものが、たくさんあったのです。

これを寄贈することで、子どもが新知識を得て世界に羽ばたいてくれると、夢を持って寄贈をこころみたんですね。

ところが新政府は、これを拒絶しました。

「あんたが持ってきたのはぜんぶ和書だ。これから子どもたちには洋書や、西洋の学問を学ばせる。江戸時代の本なんか読ませない。こんな古くさいものは要らないよ」

これに竹斎は衝撃を受けます。「私が一生懸命あつめた書物を、新政府は活用してくれないのか」と。

島崎藤村の『夜明け前』みたいな話ですね。期待していた新政府というものも、なんのことはない、役人の顔ぶれがすこし代わっただけじゃないか。

しばらくして小学校のほうから声がかかりました。

「お前の寄贈を受けてもいい。ただし条件がある。ぜんぶ古本屋に売っ払って、現金にしてくることだ」と。

これには心底がっかりしたでしょうね。私もこの話を読んで人ごとじゃないと思いました。一生を賭けて集めた本を「カネに替えて寄こせ」と言われるなんて、堪らない気持ちになりますよ。

われわれは明治維新の光の部分だけでなく、陰でこうした悔しい思いをした人物にもスポットを当てていかなくてはいけません。もしこんな人物の見識が幕府なり新政府なりに活かされていたら、もうちょっと違うかたちでの近代化がありえたかもしれません。

彼の蔵書の多くがこんな経緯で散逸してしまったことは、やっぱり悲しいことです。わずかに射和文庫に残っているとはいえ、こうした立派な人物がいたことを世に知らせていきたいと、後進のコレクターとして強く思います。

第三章　世界と人生を解読する「読む考古学」のすすめ

教養主義と娯楽主義

さて、そろそろ後半の、しかも非常に重要な読書術について語らなければいけないときがきました。

これからお話しすることは、ひょっとすると、いままで展開してきた読書術をぜんぶひっくり返すような内容になるかもしれません。自己矛盾といわれそうなことも含んでいます。けれども、自己矛盾という要素もまた必要であるという現実を、60歳を過ぎた私にはやっと理解できるようになりました。

ここでの主張は、むかし学校でやらされた、世界の名著をぜんぶ読みなさい、という、あの退屈きわまりない読書の方法、半分修行みたいな古臭い読書生活の再評価です。このスタイルを「教養主義的読書」といいます。

全集とか叢《そう》書といったパッケージ化された「必読書」の意義に気づいたのは、私が高校の頃から師事してきた紀田順一郎さんによる名著、『現代人の読書』を読み直したことがきっかけでした。初版1964年といえば、まだ読書の世界は教養型の技術が全盛で、学校でも名著ばかりを読ませていた時期です。私は高校生でしたが、その青臭い心にいちばん届いたのが、漫画とか好きな本しか読まないという「娯楽的読書が修養につながりうるという、まさしくその点まで読者は変貌してきたと言う方が正しい」という文章でした。

漫画しか読まなくても生きていける論理を探していたときに、ドンと出たのですね。長くなって恐縮ですが、中身をちょっと引用してみます。

「……現代人を苦しめている目的だとか、方法だとか、世界だとかというものに煩わされなかった健康な古代人の精神にとって、読書とは読みたいから読む書物であり、眠たいから読む書物であり、他にすることがないから読む書物の謂《いい》であった。……読むべき本というのが、そのうち生まれてきた。これは背後に膨大な〈読むべからざる本〉が存在しはじめたことを意味している。……われわれが相手にせざるを得なくなった厄介なしろものは、読書をして凡庸で退屈なものになった生活のうちに位置づけようとする、職業的教育者の苦闘なのである。教育者が教育者であるためには、読書の必要を感じない者に手を拱《こまね》いていることは許されない」

どうです。胸がすくような教養主義批判でしょう。ところがです、この本が1979年に8刷増補改訂版として出たとき、サラリーマンになって小説の翻訳とコンピュータ一のプログラマーをやっていた私は、懐かしさのあまり、これを再読しました。そうしましたら、昔とは違う文章のほうにしか、反応できなかったんです。こんな具合の文章に、です。

「戦前の読書観が、教養主義に毒されていたという説はかなり風靡（ふうび）しているようだし、見方によってはすでにこれも定説となっているらしい。……しかし、読書はいつの時代においても娯楽であり、実利であり、教養であった。そうでないという人がいたら、それは当人がそう信じ込んでいるだけにすぎない。一つの文化現象に対して、当人がどういう顔を見せるかということと、当人の実質がどうあるかということとは、いささかも関係がないのだ。ゆえに、教養主義を非難する者が、実は教養主義と何ら異なるところのない実質を備えていたとしても、すこしも不思議ではない。……当面の敵は教養主義などという生易しいものではない」

『現代人の読書』を大人の眼でじっくり読んでみると、この本の内容はかならずしも娯楽主義を讃美するのではなくて、むしろ古臭い教養主義の読書術に新たな光を当てていることに、ようやく気がつきました。じつは、読書の敵は、教養主義などという生易しいものではなかったのです。では、何かといえば、「大衆社会のスノビズム、価値体系の紊乱（びんらん）、虚構の万人平等主義のもとに、静かに、しかし確実にはぐくまれつつあるニヒリズム」なのだそうです。

これはショックでした。私が、あらためて、体系だとかニヒリズムだとかに関心を向け出した瞬間でした。そこで、この本の最後は、じっくり腰を据えて、自分の中に価値体系を築く方法としての読書をテーマにしたいと思います。もはや、おもしろいとか、役に立つとかいうレベルの話ではなく、教養主義とも共闘を組まないと、私たちの精神がニヒリズムに押し流されてしまうという危機感を含んだ話題に変わります。

論じるなら、まず起源にさかのぼれ

まず最初に、それでは教養主義というのはどんなことをすればいいのか、という話からはいりましょう。教養主義の読書というのは、「読まねばならない」「読むべきだ」とされる本を読むことです。それ以外の意味は、ほとんど重要ではありません。合格するには80点とらなければいけない、といった資格や要件に近いものです。

ですので、どうも押しつけられる感じがあります。しかし、物は考えようであって、何か一つのテーマを自分で究めようとすれば、基礎からやらなければいけないのと同じです。この面倒くささを乗り越えると、その先に広い展望が開けてきます。

私はむかし、ようやくパソコンでの漢字変換が安定した1990年頃、この本にもしばしば登場される紀田順一郎さんが、「一太郎」という漢字変換ソフトの仕事で、日本語をどのようにパソコンで処理すればいいかという大問題に取り組まれている時期を、そばで拝見していたことがあります。

そのとき、紀田さんは問題の本質を探るために、日本語とは何か、という基本中の基本から調査を始められたのです。単に『広辞苑』などを参考にして、この漢字を入れるとか入れないとかを仕分けたんではないのです。正直、私には遠大なプロジェクトに見えました。だって問題は、日本語とは何か、ですよ。こんなことは一生かけても結論が出ないと思います。

でも、紀田さんはそのとき、好きだとか嫌いだとかでなく、日本語を知るための必須文献をたくさん集められたのです。しかし、それに加えて、必要ではなさそうな文献にも目を通され、それを「必要」な本に格上げされたのです。

その、「これまで必要でなかった」本というのは、たとえば、新しい日本文字を個人的に発明した人たちの歴史です。そしてパソコンソフトの漢字変換問題を処理しながら、なんと、これまであまり類例のなかった「新しい日本語創造に命をかけた人たち」の研究書を出版されたのでした。

『日本語大博物館　悪魔の文字と闘った人々』（ジャストシステム）がその本で、このなかに「日本語改造法案　人工文字に賭けた人々」という一章があります。これは、パソコンと漢字変換ソフトが発明される前からあった大問題へのアプローチでした。日本語は漢字があるから効率が悪く、覚えるのが非常に難しいことに愛想をつかした人たちが、「それならアルファベットのように簡単できっちりした新文字を創造してみようではないか」と奮闘した記録です。一番わかりやすいのは、漢字もひらがなもやめて、直

▲『日本語大博物館』

線で表記できるカタカナを「日本国の公式文字」にしようという動きです。石原忍という、視力検査表を開発した眼科医の先生が、欧米のタイプライターを見て、日本語も機械で書くには、カタカナを利用するのが早い、と考えてカタカナタイプライターを試作しました。でも、どうもカタカナは横書きに向いていない。

そこで、ローマ字、ギリシア文字、ロシア文字を参考にして、横書きに向く新カタカナを創造しました。1939年頃の話です。

ところが、石原さんよりも早く、新しい日本文字を創造して石原さんを刺激した中

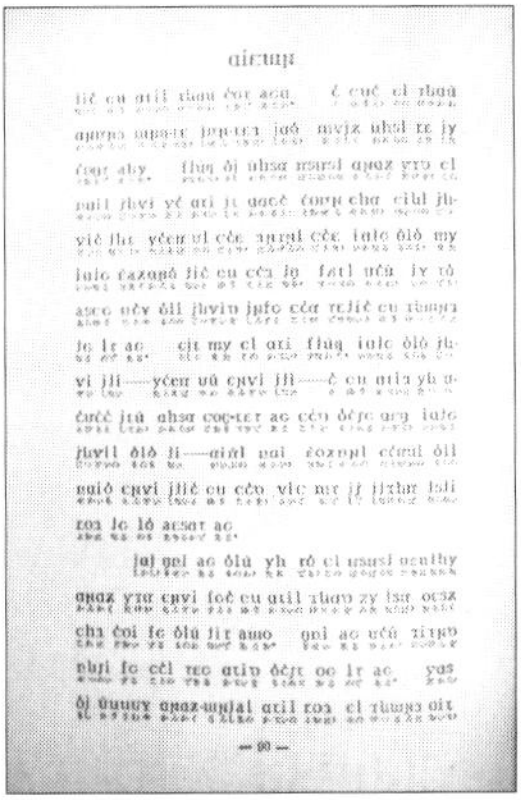

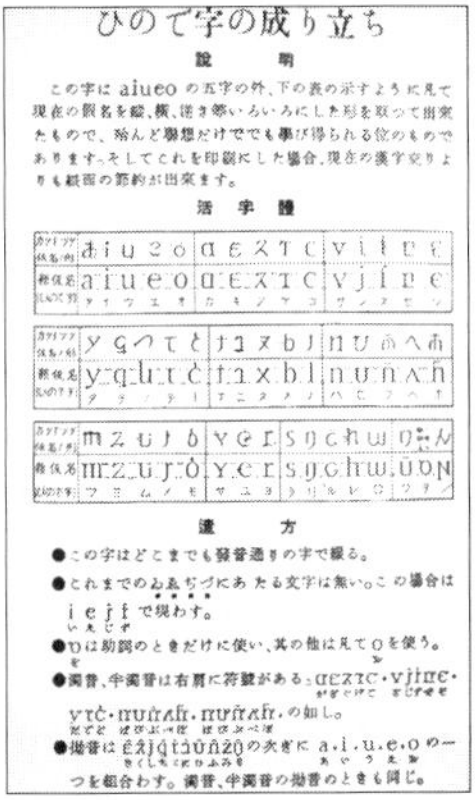

▲新日本文字「ひので字」の字体（右）と「ひので字」で組んだページ（左）※『日本語大博物館』より転載

村壮太郎という人が、1935年頃に「ひので字」という非常におもしろい日本文字を作りだしました。この文字もどこかロシア文字に似ているのに、カタカナかひらがなの特徴も残しているので、日本人にはなんなく読める、というところが売りだったようです。こういう「横書きができて漢字も不要」という新文字を開発しようとした人が、江戸時代から何人も存在していたことが分かりました。

紀田さんの本には、多くの人工文字で記述された文章例が引用されていますが、それらを見ますと、文字を極端に簡略化し、機械で処理できるようにしているのですが、じつはこれで綴られた『吾輩は猫である』なぞは、はっきりいって読むに堪えません。なぜかというと、「言語に内在する歴史的連続性や美意識を無視し、機械的、工学的法則や能率性だけで処理した」からだと、紀田さんは指摘なさいます。

つまり、日本人が発明したカタカナとひらがなを上回る美学的デザインと連続性を持つ新文字が発明されない限り、いくら新文字を創造しても、だれにも使われないのです。この失敗の歴史を、パソコンの普及によってふたたび重要になった新しい横書き日本語の開発に活用しなければならない、というわけです。

紀田さんの本には、章の終わりにこんなことも書いてありました。だれも使いそうにない新文字システムを一人で考案設計する人は、これからも出るだろうけれども、自分が作った文字を自国の人々が実際に使用するときを夢見ることは、言語問題にかかわる人にしか味わえない至福なのであろう、と。

私はこのレポートを読んで、日本でもしばしばカタカナやひらがなに代わる文字が創案されていた事実を知り、びっくりしました。それと同時に、こういう発明がついに実用にならなかった運命も実感しました。現在、パソコンの中で見ている横書きのカタカナ・ひらがな、そして漢字がなんだかまだデザイン的に未熟で美的ではないことの、本当の理由も少しわかるような気がしました。

どうです？　ちょっとおもしろそうな本だ、と思われた人も何人かはいることでしょう。『日本語大博物館』のおもしろさを一部だけ紹介したことで、「読んでみようかな」という種類の本になればいいわけですが、これをもしも私が、「読むべき本」だから読みなさい、といきなり義務のようにみなさんに押し付けたら、どうしますか？

たぶん、勘弁してくれ、となるでしょう。でも、教養主義の読書なら、押しつけることが可能になるのです。大きなお世話でありながら、その一方で出来過ぎた親切ともいえるのです。そうであるなら、騙されたつもりで読んでみてもいいのではないでしょうか。もちろん、これを読んでいるみなさまに、そういう偉業を達成せよ、と押しつけたりはしませんので、ご心配なく。

全集と百科事典、そこには「大系」の本質がある

私たちが青年の頃、時代でいえば昭和30～40年代の高度成長期ですが、いま思うと、たいへんに特徴ある読書が奨励されたときではなかったかと、考えられます。

どんな特徴だったか？　要するに全集とか大系とかと題された数十巻、数百巻のセット本がもてはやされたのです。

図書館に行きますと、同じような装幀をした本が見渡す限り書棚を埋めてましてね。作家の全集なんかは読書欲が湧きやすいアイテムでした。『エドガー・アラン・ポオ全集』とか、その名をペンネームにした『江戸川乱歩全集』なんていう感じのものは、ほんとに連続して読みました。

ポオも乱歩も、全集で読みますと、「黒猫」やら「少年探偵団」やらといった定番を外れた作品とも出会うことになり、ポオでしたら『ユリイカ』のような壮大な宇宙論にびっくりしましたし、乱歩作品ではエロス味が強い大人の小説にドキドキしたものです。

それにつけても、冊数の多さですよ。「これ、ぜんぶ読まないと、だめですかねー」

などと、ため息をついたものです。でも、読む気はありました。量に怖気《おじけ》づくようなことはなかったんです。ただ、実行するのが困難だっただけで。暇があれば読みましたけど、私は大学を卒業するまで、漫画家か翻訳家になろうとして、両方勉強してるうえに、日曜は海や川に生物採集に行ってましたから、たいへんにいそがしい少年だったんです。ですが、これらの本には、『世界文学全集』とか、『世界推理小説大系』とか、『世界文化史大系』とかね、こういう大叢書にかぎって、「世界」という冠がつくわけですね。この壮大さがすばらしくて、よしやるぞ、と思わせる迫力はあったわけです。

いま、思い返せば、この「教養主義」的で古典的な読書の方法は、じつに優れた読書術だったと思います。その道の権威が集まって、必須といえる良書や名著をカタログ化してくれる。それも膨大な量を積み上げてくれたわけです。ですから、娯楽読書の漫画や趣味本を読むのと並行して読んでかまわない。二者択一にするから対決してしまうのです。

一般の読者は、黙ってこれを消化していけばよろしい。自然に人類の知的遺産みたいなものを一通りながめることができますから、教養としては申し分ないものが蓄えられるでしょう。ところが現在は、このような形の教養読書は影をひそめてしまいました。

いったい、教養主義的な読書がなぜ時代に合わなくなったのか。そういう現象を引き起こした私たち団塊世代の気持ちを例に引きましょう。歴史的にいうと、世界の団塊世代は、教養主義的な読書で育った世代です。全集や選集、大系や体系、百科や集成がまわりにたくさんありました。後は、読めばいいだけです。汗水ながせば、教養人になれるんですね。

でも、こんなに親切な読書環境に、一つだけまったく考慮に入れられていない問題がありました。それは、キチンと構成された知の枠組みから除外された「その他大勢」の本をどうするか、という問題です。

教養主義の書物群は、文字どおり、教養のための読書を強要します。無駄がありません。そのかわり、無駄だと判断された本は表面から排除されました。

それだけなら、まあ、正統派の読書と落ちこぼれの読書が成立するだけの話ですから、大きな事件にはならなかったのですが、運悪くといいますか、運よくというのでしょうか、戦後に団塊世代が小学校に入学し、自律的に本を選んでいく時期は、戦前の書物がほぼ忘却されており、戦後に製作された新しい教養の書籍も、まだ数を揃える段階に達していなかったのです。

戦前本はパージされ、戦後本はまだ未成熟。そういうとき、団塊の少年は何を読んだのか。とりあえず粗製乱造される安ピカの読み物です。でも、それらの出版物には「目的」がありました。「楽しませる」という要素です。漫画をはじめとする少年読み物には、熱中できるのです。

もちろん、教養や教育を謳ってはいましたが、本づくりの基本となったのは「おもしろさ」でした。教養よりもずっと自由で、しかも個人的な嗜好《しこう》が優先される世界でした。ある意味では個人主義のはき違えですが、もう一方では思想や表現の自由というむずかしい問題の解消でもありました。

それも、まったく無意識のうちに、非教養書をも読む自由が与えられたのです。つまり、自分の好きな本が読めたというわけです。

繰り返しますが、これは哲学があってやったことではありません。最初は読む本がなかったから、そして次に好きな本にハマったから、読みふけったのです。もちろん、良書と悪書の区別など、あるわけがありません。

コミックが悪書だった頃

悪書コミックに熱中しだしたアメリカの子どもを救うために、大人がコミックを排斥したことは、前章でもすこし述べておきました。ですが、ここらでくわしくお話ししましょう。

教養世代にとって、子どもが非教養的な悪書に熱中することは、アメリカ文化の衰退だと直観されたのです。そこで、大人にとっての悪書である社会主義や共産主義の本を撲滅するのと同じ手法で、コミックを狙い撃ちにしました。ところが、やがてはっきりするのですが、共産主義の本を大人が頑固に守ったのと同じように、子どももコミックを捨てることに抵抗しました。その騒動により、コミックは共産主義思想と似たような革新的な文化に変貌します。

私たち団塊の世代は、日本でも同様のことが起きた１９５０〜60年代に、読書を開始する運命に巡りあわせてしまったので、いわば漫画本を読む自由を勝ち取るために、「教養と保守」に戦いを挑むことになってしまいました。解放とか自由とかいうのは、私にいわせれば、後づけの知恵、後講釈みたいなものです。ただ、単純に読みたいものを読むために抵抗しただけだったと思います。

そして、この世代が成長するなかで、教養の枠組みから除外されたすべての「切り捨てられたジャンル」への関心が広がりました。私の体験でいえば、「異端文化」や「趣味文化」つまり妖怪とか博物学とか探偵小説とかいった不用不急の分野への共感につながったのではないかと思います。形式ジャンルでいえば、やはり活字に代わる漫画でしょうか。

漫画史家の清水勲さんに『「漫画少年」と赤本マンガ―戦後マンガの誕生―』（刀水書房）という著書があって、戦後すぐの事情がよくわかります。

この本を読むと、戦前に人気を誇った講談社の『少年倶楽部』という少年雑誌を編集していた加藤謙一が、戦後公職追放にあい、浪人していたとき、子どもを明るくする本として漫画を主役にした雑誌を家内工業で創刊した話が出てきます。加藤は戦犯扱いで公職につけませんから、奥さんを社長、娘さんを編集者にして、『漫画少年』という雑誌を売り出しました。

加藤の会社は「学童社」といいました。ほんとうは「学童会館」としたかったそうです。なぜなら、この会社で漫画雑誌だけでなく、教科書も文房具もなにもかも総合的にプロデュースする教育総合センターにしたかったからだそうです。加藤は「漫画」という形式に戦前の大家たちを呼び戻す一方、新人をたくさん発掘しました。その最大ヒットが、戦後漫画を一変させた手塚治虫だったのです。また少年たちに漫画の投稿を呼び掛け、当時まだ中学生ぐらいだった石ノ森章太郎、楳図《うめず》かずお、赤塚不二夫といった大物を生みだしていくのです。

こうして漫画は、はじめて物語を表現する新メディアとなり、文学や映画と並び立てるようになりますが、マンガをカルチャーと捉える評論家も1970年代には多数登場してきます。

たとえば、若いみなさんにおすすめしたいのが、石子順造という人の『マンガ／キッ

チュ　石子順造サブカルチャー論集成』（小学館）です。こっちは現代芸術の評論もした人の筆なので、なかなか辛辣《しんらつ》なところもあります。いわゆる教養層の方々が赤塚不二夫や永井豪のめちゃくちゃに漫画的な、自由というより「やりたい放題」の作品に接して、「これはたいへん、シュルレアリスムみたいな革新的な芸術が漫画にでてきた」と声を上げだした頃に、「とんでもない、これは子どもが見たいコテコテの漫画を素直に自由に表現したもので、その一方、『巨人の星』のようにまともな漫画も区別なく楽しんでいるのだ」と反論しているのがおもしろいのです。

今さらほめるな、今さらすり寄るな、おれたちは自分の道を行っている、と漫画が言いたかった時期もあったわけですね。こうして一本立ちし、まわりの教養層からも仲間に入れてもらえるようになった漫画の今が、この平成にあるのです。

まあ、自業自得という部分もありますが、漫画は一方で世界に進出し、他方ではこの「善悪混交」状態を持続しつづけるのですね。

そんなわけで、団塊世代が教養文化の伝統に育まれながら、それを破壊するような方向を、数の力で押し通したというのは、事実でしょう。はっきりいって、好きなことだけしかしないオタクの原型です。

けれども、いったい何の因果でしょうか。その張本人の一人と自覚がある私が、ふたたび教養主義的な読書をみなさまにおすすめする立場に立とうとしているのです。いえ、むしろ、オタク文化全盛の今だからこそ、それを言わなければいけないと感じます。

本は古今の知の霊廟である

本という全体的なメディアを考えた場合、その一隅には「霊廟」のような空間がないといけないのではないか、と最近思うようになりました。いわば、本の墓地ですね。もちろん、漫画を見れば分かるように、本はいきものですから時代とともにどんどん入れ替わっていき、大半が忘れ去られる運命にあります。おもしろいもの、時代にあったものが勝ちつづけるだけならば、地球も書物も、一番新しくていちばん人気があるものだけが常に残ることになりかねません。

漫画は極端な例かもしれませんが、書物全体を見渡しても、同じ現象が見て取れます。

最近は出版点数がとてつもなく増えていますから、それを収蔵するスペースの問題からしても、古いものが消えていくのは自然の摂理でしょう。しかし、消えて行ったものがすべて灰になるのかといえば、自然はそうしていないのです。すくなくとも、かなり耐久性のある化石を残しているではありませんか。教養主義の読書とは、言ってみれば、生きている人にばかり心を奪われず、亡くなった先祖にも墓参りを欠かさないようにしなくっちゃね、ということなのだ、と解釈すれば、これはごく自然な忠告といえるでしょう。

墓地に鎮まった古典の化石は、焼け残った灰の一種ともいえますが、ただの灰とちがうところは、化石としていまでも「解読ができる」ということです。つまり、化石を見てその形状を解読すれば、過去に存在したいきものの暮らしぶりがわかり、結局は地球の歴史も分かる有用物なのです。

そこで、イヤだろうが何だろうが、好きな物を消費する読書の一方で、文化の化石が解読できる力をいつも蓄えておける読書も欠かせないものになるはずです。

人類の歴史と文化を伝える化石を解読する力！

そういう読書もまた、これから広まるべきだと思うのです。過去と対話できる力を蓄える読書は、趣味というよりも仕事に近い作業になるかもしれません。たくさんのゴミ屑みたいな本を読むのです。いままでは読書の探検学をお話ししたとするのであれば、いよいよ読書の考古学に突入することになります。それこそが、私たち人類が継続してきた知の伝達なのです。

基本は「概観力」にあり

本を好きになる、本を発展的かつ生産的に読めるようになる、あるいは何を読んでもおもしろく感じられるようになるには、まず世界を「概観」できるようになる必要があります。実際、かつての教養主義読書は、そういう透視力を養うために準備されたものでもありました。それならば、いったい何を概観するのか？　もちろん、地球や世界や人類の歴史です。そこに詰め込まれた、さまざまな事実や事件や連続の数々です。

『日本書紀』や『古事記』もそうですが、『聖書』や原始仏典の数々も、すべて概観の本でした。この世界はどうやってできたかといった「起源」を語り、最後はどんな運命がわれわれを待ち構えているのか、その「未来」を語る。もちろんその間に位置するわれわれ自身の「現在」についても示唆してくれます。

ゴーギャンの『ノアノア』ではありませんが、「人間はどこから来て、何者であり、そしてどこへ行くのか」です。こうした「起源」「現在」「未来」に対して、我々はセンサーが働かなくちゃいけない。この時間軸をおさえておくことは、叡智の源みたいなものといえます。

たとえば、キリスト教では最後の審判があって、善行を積んでおかないとひどいことになるぞ、とか、仏教では末法思想があって、どうやら未来はどうしようもない世の中になるらしいぞ、といった「未来」を語っています。

末法思想というのは、ブッダが生まれて五百年でその広まった教えがだんだんと堕落し、さらに五百年経つと末法の時代に入ってブッダの教えなんてだれも守らない世の中になるというものですね。キリスト教でも至福千年説があって、キリスト生誕から千年で「もうそろそろこの世の中は終わるんじゃないか」という不安が駆け巡ったことがあります。

こうした教えの内容や、絶望や未来予測は、自分に「起源・現在・未来」という時間軸があると、たいへん共感できますし知的昂奮をおぼえることができます。神話はその最たるものです。まず「概観」するところから、人間の知的活動が始まるといっていいかもしれません。

読書力の根っこは「起源・現在・未来」の時間感覚を身につけること

私がこの本で、読者のみなさんにもっともおすすめしたいことを、ここまで触れずに取っておきました。その切り札とは、ずばり、時間感覚を書物によって得る方法です。

ふつう、私たちの時間感覚は「歴史」から培われています。昭和何年とか、西暦1400年とかいうように。でも、この時間感覚は、文書といいますか、私たちが文字を持ち、暦に従って歴史という計算方法を導入してからの話です。ですから、人間が文化を持ち始め、文字で歴史的な記録を書くようになってからは、とても便利な時間感覚の「しるべ」になっていますが、そういう「歴史」が語れないほど遠い過去や未来になると、どうもうまく時間のイメージができません。

その場合、どうするかといえば、文書でなく物によって時間感覚を得る、つまり時間のリアリティを得るほかありません。文字ではなく、物なんですね。

近年、私たちは「物による時間感覚」をおおいに発展させており、この報告が書物となって流布しています。これこそは、新しい読書体験の宝物庫といえます。百年前ではとても読めない内容である上に、現代人にしかあじわえない読書なんです。こういう歓びをあじわうところに、現代人の読書の意義があるといえましょう。

たとえば、縄文式土器を博物館で見たとき、みなさんはどんな感想をもちますか？日本人て、ものすごく古くから、すごい文明を持っていたんだな、と感心すると思います。

心の扉が大きく開け放たれ、意識に一万年前の日本列島――やっと現在のかたちに仕上がった日本列島の古い風景が現われるでしょう。いま考古学がおもしろいのは、物によって人類史、生命史を語ろうという探究をしているからです。しかも、物は、発掘すれば出てきます。その発掘法のうち、近年飛躍的に発展した一例を紹介します。

まず、こんな想像をしてください。縄文時代の土器を見ながら、この時代の人はどんな生活をしていたのか、何を食べ、何を身に着け、トイレはどうしたのか、と。これに応えてくれるのが、貝塚です。着る物なら墓がいいかもしれません。それから、トイレ跡も発見されています。では、この時期の気候はどうだったのか？　冬は寒かったのか、夏は何度ぐらいあったのか？　それが分かれば、なぜこういう着物を身に着け、なぜこういう物を食べたのか、その理由が分かってきます。

じつは、私が物を介して歴史を見ることのおもしろさを実感したのは、48年前、大学生のときでした。教養科目に地理学の授業があって、西岡秀雄という「奇人」が担当しておりました。別名、トイレ博士、です。

この先生、50年近くも昔ですのに、授業は全部スライドでした。しかも、テープレコーダーを絵に同期させるという、いまでいえば音声付のパワーポイントみたいな機械化された授業を展開しておりました。内容は、世界文化めぐりです。この先生が兼高かおる張りに、ほんとうに世界を駆けめぐって取材してきたのです。とくに、世界のトイレットペーパーを紹介する回は傑作で、日本のトイレットペーパーの優秀性が一目でわかりました。

あるとき、西岡教授が、じつに刺激的な自説を発表されたのです。気候は七百年を周期にして変動しており、気候が悪いと戦乱が発生し、いいと平和がつづく、という説でした。この説は、『寒暖の歴史－気候700年周期説』（好学社）という本にもなっていますので、ぜひ一読してみてください。この気候七百年周期説を成立させたのは、奈良・京都の遺跡から出た木材や、屋久島の縄文杉でした。杉は数千年の寿命があります。古代の建築に用いられた巨木が発掘されると、その木材には年輪が読み取れます。西岡先生はその年輪をこまかく分析し、一年ごとの寒暖の状態を再現しました。その一年が気候不順で寒ければ年輪は成長がすくないのですね。

こうして数千年分の「寒暖リスト」を得たとき、ついに物の記憶は文書の記憶を超越しました。西岡先生は歴史年表と比較してみたのです。そうしたら、気候が不順な年が集中するときに戦国時代などの戦乱がおこり、世界ではゲルマン民族の大移動のような事件が発生していたのです。まさに「物による時間感覚」で歴史を読むことが可能になったのです。

ここで2014年に出たばかりの安田喜憲著『一万年前―気候大変動による食糧革命、そして文明誕生へ』（イースト・プレス）の紹介です。これは西岡先生の気候七百年説をはるかにしのぐ、現代の「物による気候変動理論」です。非常に目新しい発見です。

安田先生が目をつけたのは「年輪」ならぬ「年縞《ねんこう》」というものでした。年縞とは、大地に堆積した泥に刻まれている気候の痕跡です。木の場合は樹木が育つので輪になりますが、泥は堆積していくので層になる。これを断面にすれば縞模様になる。その縞一本一本が一年の詳細な気候状態をあらわすのです。

この年縞が注目を浴びたのは、1991年からでした。それまでは、年縞が長いスパンに渡ってただしく堆積するような場所を発見するに至らなかったのです。地表は変動するから当然でしょう。ところが1991年に、若狭湾沿岸の福井県水月湖の湖底から発見されました。ボーリング調査すると、採取された湖底の泥層がきれいな縞を形作っていたからです。

水月湖は、東側にある三方断層の活動のせいで、西側が静かに継続的に沈降しているといいます。したがって、堆積物が湖を埋めてしまう恐れがない。水深が最深部で35mあり、しかも海水が流入しているために水面近くにたまった淡水が下へ降りていけません。そのために湖底の水が攪乱《かくらん》されないのです。

この条件下ならば、一万年オーダーの連続した年縞が堆積することになります。しかも、炭素年代測定法では大きな誤差が出るのに対し、この年縞は年代測定に誤差が出ないのですから、まったくすばらしい。これは地球の気候を年単位で測れる完璧な物差しとなったのです。

年縞の中には、花粉、珪藻、黄砂、雨量変化を示す有機堆積物などが含まれていて、森の変化、雨量の変化、稲作の変化、大地震や火山噴火による堆積物の突然変化、そして「人間による環境破壊」などの痕跡が眠っています。これを解析すると、人間による自然破壊の始まりから現在の汚染までが詳細に、定量化された資料すなわち「数」によってしめされるのです。

そして安田さんの本の中で最大のメリットというべきものは、この年縞を読むことで、人間がおよぼした環境破壊の証拠資料が出そろう、ということでした。年縞が記録した万年単位の気候変動が、ちょうど人間の文明活動の時間と合致したからです。人間による自然破壊から脱皮しようとする今、私たちがいちばん必要とする物差しの出現でした。現代人必読の新著でしょう。

地質学で地球の時間を体験する

こうした新しい探究の成果が、ここのところ津波のように読書の世界にも押し寄せています。考えようによっては、こんなにおもしろい時代はありません。

いまから100年前も、別の意味で時代がおもしろくなりました。すでに第一章でお話しした世紀末の未来科学と、知の限界論ですね。あのときも、人間は知力でどこまで宇宙の謎が理解できるかという大問題を掲げて、大論争いたしました。そのときもじつに好奇心をそそる本がいっぱい出版されたのです。ところが、多くの話題書も、時代が進歩するにつれ、論駁《ろんばく》されたり、あまりに突飛だったために忘れさられ、せっかく盛り上がった熱い好奇心の時代も忘れ去られてしまいました。

でも、いまこそ、そうした時代に話題となった本を考古学のように掘り出す必要があるのです。なぜなら、それは絶滅した恐竜の化石を掘り当てることと同じ「過去への扉」を開くからです。

え？ 過去なんて扉を開いても意味なんかないでしょう、現代はどんどん前進し変化してるんだから、とみなさんは考えるかもしれません。では、こう聞き直しましょう。役にも立たない過去の絶滅生物の化石、たとえば三葉虫の化石は、いま意味がないですか？

少なくとも、私たちの心を数億年前まで広げ、地球が若かった時代を想像できるようにしてくれましたし、現在の生物がどのようにしていまのような姿になったかを知る重要な情報を与えてくれます。三葉虫は、あとから詳しく触れますが、いまから数億年前に地球がいきなり多細胞生物というものを生みだし、複雑で多様な生命を発展させた「生命体大発展の時代」の証人なのです。

恐竜の化石はもっと分かりやすいですね。早い話、科学博物館が夏休みに大当たりする企画展を開催しようと思ったら、まず第一候補になるのは恐竜展なんですから。

もっとも、最近この神話は崩れました。東京の国立科学博物館で２０１３年に開かれた恐竜展は、秋に開催したダイオウイカを目玉展示とする「深海」展の人気に負けました。これまで探究したくてもできなかった深海生物を撮影できる機材や潜水艇が開発され、どんどんとんでもない生き物がみつかったからです。

余談は措くとしても、私たちは、心を大きく広げてくれる世界を求めるのです。それが、脳の「業《ごう》」といいますか、本質なのですから。

というわけで、こうした過去へも未来へも心をひろげてくれる道具の元祖が、書物でした。なぜなら、じつは本も「物」なのですから。

ちなみに、数千年も前に刻まれたエジプトやメソポタミアの文字板は、ここ１００年余の間に次々に読めるようになり、ピラミッド作りに参加した庶民が、二日酔いのため仕事を一日休んだ、などという記録まで分かってきています。

なかでも、いま物によっていちばん熱く語られだしているのが、地球の生命史です。だれもが一度は思う人生最大の疑問、生命はなぜ地球で繁栄したか、という問いかけは、いまけっこういいところまで知力が答えを追い詰めてきています。最近は自然科学の研究が飛躍的に進歩したおかげで、目から鱗が落ちるほどあざやかに生命史の大筋を説明した本にめぐりあうことが、できるようになりました。

いまはまだ、専門家しか読まない分野ですが、私は一般の読者が読んでこそ最高の効果があると思える名著を、何冊も机の上に積み上げています。では、その一例をご紹介しましょう。

まずはじめに、私たちの眠った頭をどやしつけたショッキングな本、スティーヴン・ジェイ・グールドという進化論学者が書いた『ワンダフル・ライフ――バージェス頁岩《けつがん》と生物進化の物語』（早川書房）です。グールドという人は、学者にしておくのがもったいないほど博学で、文章もうまい「作家」でした。彼の著作はシロウトが読んでも、おもしろさのあまりに、ウーンと唸ってしまいます。現代人必読の本ではないでしょうか。

なかでも、話題を呼んだのが、1983年に出版されたこの一冊でした。進化論的に見る生命の歴史は、大きな節目になったのが、いまから5億4200万年ほど前の古生代カンブリア紀だったといわれます。このときに三葉虫など多様な動物が爆発的に生まれて、地球が動物だらけになったわけです。ここが時代の境目であり、その大爆発以前を「先カンブリア時代」と呼びます。動物がほとんどいないように見えた時代ですね。

ならば先カンブリア期は何年つづいたかと申しますと、よくわかりません。地球上で一番古い岩石は、ウラニウム同位元素がゆっくり放射性崩壊して鉛の同位元素になる現象を使って測定すると、45億年前後だそうです。しかしアポロ11号が持ち帰った月の石にはそれより古いのがあったので、月が地球から分かれたとすると、誤差の最大値を取って46億年前くらいにはなるでしょう。

こうなりますと、先カンブリア時代は最長40億年つづいた計算になります！　なんと、生き物なんか何にもいそうにない時代が、生命発展時代の10倍以上になってしまいます。私たちが古生代だ、中生代だ、などと言っていた生命のいる地質年代は、地球全史から見たらわずか10分の1の歴史にすぎなかったのです。

それでは、カンブリア紀にいったい何が起こって地球が動物だらけになったのか。これを探る手がかりになったのが、カナダにあるバージェス頁岩の地層で発見された「奇妙奇天烈」な化石動物群でした。とにかく、現代の目からは考えられないような奇妙な動物だらけでした。

この発見により、古代になるほど生物が単純で多様性も低いとされた常識がひっくり返りました。絶滅している動物も含めると、5億年以上前のほうが生物多様性が大きかったといえるのです。しかも化石を調べると、現在いる全動物門がすでにカンブリア紀に出そろっているのです。

つまり、グールドの本は、絶滅という事件も偶然によるものだった可能性が強まりました。つまり、グールドの本は、動物をメインに置いた生命史の眺めを一気に変更したのです。古い生物は単純で下等、しかも種類も少ないというイメージが破られ、現在にもいない動物がうじゃうじゃいた古代、という新イメージに置き換えられたのでした。

当時読んだ私も、ほんとうにショックでした。その本に図示されていたカンブリア紀の動物（主に節足動物系）は、ほんとうに悪夢のごとき形をしており、幻覚でも見たかと勘違いするような奇怪な種にアノマロカリスとかハルキゲニアなどという名がついていました。

ではなぜ、この時代に動物の多様性が大爆発したのでしょうか。最近のプレートテクトニクス理論によると、カンブリア紀の開始から、3〜4億年前に成立したパンゲア大陸にテートス海という割れ目が入って大陸が分断されるまでに、生物の大爆発が起きたといいます。

大陸の変動は大きな出来事ですから、理解しやすいのですが、問題なそれだけではありません。カンブリア紀の場合でいえば、大陸形成よりも前に、動物に「目」が誕生したことが大爆発の引き金だとする仮説が出ています。

今から5億年ちょっと前に、地球に当たる太陽光線の量や強さが増えたことで、水中に生きる動物に進化上の大異変が発生しました。先カンブリア紀に地球を覆っていた霧がいっせいに晴れ、光線が海に差し込みました。光線は、これを有効に使用するための感覚器官「目」を急発展させ、目に映じた像をはっきりとした色彩立体として知覚させる画像創出装置「脳」を、動物に与えたというのです。

そういえば、動物が持つ脳と目は、植物にはありません。藻類に始まった生命史に、目と脳を持つ動物が参入したことで新段階にはいった、ということができるでしょう。

そのような理論を「光スイッチ説」といいますが、その代表が、第一章で「目から鱗」

の落ちる本として紹介したアンドリュー・パーカー著『眼の誕生　カンブリア紀大進化の謎を解く』（草思社）でした。

藻類の歴史に注目する

以上で、動物というグループを視点に置いた際の生命史のおもしろさを、十分に堪能できると思います。けれども、生命は動物ばかりではありません。植物もいれば微生物もいるし、多細胞生物だけでなく、単細胞、原核動物もいます。

しかも、どんなに原始的な生物も、同じ構成のDNAを持っているのですから、生命の祖先は一つだったという推理が成り立つのです。だとすると、生命史は動物だけ相手にしていてもはじまりません。そこで登場するのが、最も古い由来を持つ生命です。

そこで紹介したいのが、井上勲著『藻類30億年の自然史―藻類からみる生物進化・地球・環境』（東海大学出版会）という分厚い本です。これは、読んで目が飛び出る新しい刺激に満ちた本です。なにしろ、「藻類」を生命史の主役に指名した本なんですから。

▲『藻類30億年の自然史』

藻類って何だ？　ですって。知ってるはずですよ。ほら、池や金魚鉢に生えてくる茶色や緑の藻《も》のことです。じつは、藻こそ地球を造った生命なんです。でも、藻類をすべてが植物だと早合点してはいけません。たしかに植物の一部にも海藻というように「藻」と呼ばれるグループがいますが、そうした高等生物ではなく、ぐっと異質な真正細菌、つまりバクテリアの仲間もたくさんいるのです。

細菌（バクテリア）は、下等だと一般に思われていますが、じつは高等植物にはない能力があります。酸素がなくても、太陽がなくても、エネルギーが造れる仲間がいることが、最近わかってきました。つまり、月や火星でも生きられる可能性があるのです。

こういう細菌の中に、植物と同じように太陽光線からエネルギーを得て酸素を吸い、それを化学合成してエネルギーを生産するバクテリアがおります。要するに光合成ができるので、「藻類」と言っているわけです。このバクテリアは青い色をしているので、シアノバクテリア（藍色バクテリア）と呼ばれ、日本語でも「藍藻」と訳していました。この「藻類」は、きわめて古い由来をもつ元祖「生物」でして、カンブリア紀よりもずっと昔から存在しました。これこそが、30億年行きつづけた生命＝藻類なんですね。

こういうタイトルのむずかしそうな本を引っぱりだすと、読者の中には見もせずに本を投げ捨ててしまう人がいるかもしれません。たしかに、美味しい食事になればなるほど、値段が高くなりますし、読む人をも選ぶのですから、ここでみなさんの好奇心という胃袋の丈夫さがモノを言ってくるのです。

で、読んでみました。地球に生命が誕生して約三十数億年。最初の重要な生命が「藻類」です。あまり動けませんので、ふわふわと原始の海に浮いていたはずです。でも、その間、生命はボーッと暮らしていたのではありません。

あるとき、シアノバクテリアという糸みたいな生きものが誕生して、初めて光合成という作業を始めたのです。エネルギーを自給できる生命ですね。でも、動き回ったり考えたりする必要がないので、エネルギーを消費することはあまりなかったのです。

ところが、その後に出てきた生物が、このエネルギー生産型のシアノバクテリアを自分の細胞内に捕りこんで、エネルギーを出すエンジンとして使いだしました。いわばシアノバクテリアと共生しだしたわけです。植物が持っている葉緑素などというものが、まさにこれに該当します。私たちの細胞のなかにいるミトコンドリアも、元は細胞内に取り込まれたシアノバクテリアだったと考えられます。

こうしてエネルギーを産む「エンジン」を体内に取り込んだ生物は、そのエネルギーをもらって動き回れるようになり、さらに複雑な多細胞生物への道を歩き出したのです。シアノバクテリア！　私はこれまで気にもとめていなかった生物のほんとうのパワーを知りました。さらにシアノバクテリアは酸素を出して地球の空気の組成を変えてしまいます。

いま、太陽系でこんなに酸素の割合が高い大気を持つのは地球だけです。シアノバクテリアはそのパワーで岩石をもうみだします。石灰岩なんて、シアノバクテリアが作ったようなものです。酸素と結合しやすい鉄も、このおかげで鉱石としての鉄になり、これが海の底に沈殿すると、核ができてマグマを冷やします。

ついでに、石炭もシアノバクテリアがつくりました。ですから、今の地球はシアノバクテリアのような藻類によってつくりあげられたといえます。石油だって、この細菌がつくったものなのです。

話を元に戻しますが、井上先生の本は最先端でありながら、古い博物学の伝統を引いた好奇心の読み物にもなっている点がみごとだと思います。その一例は、「天狗の麦飯」という話です。これぞ南方熊楠もびっくりの、「陸にすむシアノバクテリア」の物語です。

昔から信州の浅間山、飯縄《いいづな》山、黒姫山などには、食べられる土があることが知られていました。博学な作家、幸田露伴も、信州の山には修験者がいて、飢えると土を食って修行をおこなった話を伝えています。露伴がいうには、天狗というのは修験者のことで、この行者たちが食べる土を、村人も飢饉のときに食べて飢えをしのぐのだというのです。

さて、この「天狗の麦飯」ですが、土を掘るとほんとうに麦粒そっくりの粒が出てきます。これを集めて食べるわけですが、この不思議な土の正体を研究した植物学者は、このあたりにある安山岩を栄養にして増える細菌の一種ではないか、とか、陸にいる藻類ではないか、とか、いろいろな意見をだしました。

陸にすむ藻類も、本当に存在します。たとえばイシクラゲというシアノバクテリアがいて、寒天みたいなぶよぶよした塊なんだそうです。雨でも降ればうんと増えるので、南方熊楠《みなかたくまぐす》は飢饉のときの非常食になり、また窒素の空中固定ができるので、自然の窒素工場にすることもできる、と考えたそうです。

そういうわけで、天狗の麦飯は藍藻だということで落ち着きました。こちらは糞を食ってメタンガスを生産する種類もいるので、これをメタン工場がわりに活用する案も出たというのです。そこで井上先生もついに天狗の麦飯をみつけだし、調査した結果、微生物の集塊であると突き止めました。しかも、食べたら食えました！

こんな不思議な「まぼろしの行者食」にも関心を示す著者だからこそ書けた本で、このシアノバクテリアがついに陸上に進出するところまで記述してあるんです。

さて、藻類の重要性に目覚めたおかげで、私は生命の歴史を30億年前までさかのぼってイメージできるようになったのです。いままでのところ、私のビジョンで見通すことができる地球生命の概観は、ここが極大値です——。

ところが博物学の本家イギリスでは、大英自然史博物館のリチャード・フォーティという古無脊椎動物部門主席研究員（おどろおどろしい肩書ですが！）が２０１１年に『〈生きた化石〉生命40億年史』（翻訳は２０１４年筑摩書房刊）を書いてます。生命30億年じゃだめだ、生命40億年だ、と主張するわけですね。

地球生命史がさらに10億年も伸びると、どうなっちゃうのかと思いますよね。好奇心というものは、こうして発展するんです。

で、私もこの本を読んでみました。この本は、専門でない人びとのためにエッセイ風に書かれています。科学好きの人にはまどろっこしいかもしれませんが、シロウトにはついていきやすいので、初心者向けといえましょう。直接のテーマは、古代生物の生き残りについて書いており、これもエッセイ的な書き方です。

電車の中でも読める気軽さですが、とくに第三章「シアノバクテリア」が役にたちます。もうおわかりですね。これは藍藻、つまり藻をあつかった一章です。

じつはフォーティさんは基本的には動物を研究する学者です。念のため、動物の視点から見る地球の時間感覚をおさらいしておきましょう。

どのくらい古い動物が、いま地球に生き残っているかといいますと、フォーティさんによると、6億年近くまで遡《さかのぼ》れる古い起源の動物がいるといいます。これがカンブリア紀の生命爆発時に出てきた動物ですね。でも、それより前の生き残りはいないのかといえば、先カンブリア時代の岩石からも生き物の化石らしきものを発見されました。で、それはシアノバクテリアの類だったわけです。

それで今度は現在生きているいタイプのシアノバクテリアを探したところ、やっぱりいたんです‼　生き残りが。それが、1960年代に発見されたストロマトライトという海中の不思議な塊でした。

西オーストラリアのシャーク湾という場所に、恐ろしいほど澄んだ浅い海域があり、そこに円柱状の塊を造って生きている生物です。ふつうなら、シアノバクテリアは他の動物に食べられてしまうのですが、その海は透明過ぎて他の高等動物を生かすだけの栄養がないため、ちょうど生物がいなかった先カンブリア時代の地球を再現していたわけなんです！　栄養を摂取せず、自分で光合成できるシアノバクテリアには、まったく楽園のような海でした。いや、それは生き物というよりも、生きている岩石といえるかもしれません。

この本には、他にもおもしろいことがいろいろ書かれています。たとえば、海藻には緑藻と紅藻などに分かれていますが、陸の植物は緑色の系統のしかありません。これは、古代に陸の植物が緑藻類から分岐したことを示しているそうです。もし赤色系も植物に捕えられ、内部共生していたら、赤い植物が生まれていた可能性もあるそうです。

フォーティさんは生命史40億年というキャッチフレーズがお好きで、『生命40億年全史』（上下2巻、草思社文庫）という直球勝負の本も出しています。これは年代順に一気に時間を下っていく本です。年表のように順序よく生命史を知るには、こちらの本が都合がいいかもしれません。

たとえば、最初の生物といえる古細菌は、地球にまだ十分な酸素がなかった時代、エネルギー源になる酸素を想定しない生物として登場します。硫化水素や熱水を噴きだす海底で、有毒である硫化水素からエネルギーを合成するバクテリアなど、自分でエネルギーを生産できるものが発生しました。ちょっと生命の見方が変わりますよね。

生命がいなかった長い時代は、死んだら行く冥界をあらわす「ハデス（冥王）時代」などと呼ばれています。このハデス時代は、地球誕生後約5億年くらい継続し、そのあと酸素がなくても生きていける細菌類の天下となりました。そこで、生命が誕生したときに存在した一番古い地層は、約40億年前ということになり、生命史40億年という言い方も成立いたします。

いずれにしても、このあたりで私たちの地球に対するイメージは限界に達します。でも、ちょっとここで気づいたことがありませんか？　地質年代にはいろいろな区分があることです。

たとえば先カンブリア時代とか、古生代とか中生代とか。この区切りは地層の質が変わるわけですから、それ以外の天変地異と合わせて、生命の不連続線、つまり進化の障害と考えることができます。だとすれば、進化の歴史は最速のランナーが勝つという１００ｍ競走ではなく、むしろ２００ｍ障害レースに似ているはずです。早さや強さでなく、障害を乗り越える力こそが、生命史のエネルギーといえるわけです。

という具合に、ここまで書いただけで、脳がどきどきバクバクいいだします。生命進化のイメージを一気に遠くまでもって行ってもらえたからです。

この本ばかりでなく、いま深海や無酸素状態の海底で生きる生き物たちの研究成果が、大進歩、大変革をとげており、ものすごいことになっています。私の大脳も、本屋の店先を通るときは、こういう現代の博物学書が出版されていやせぬかと、くんくん嗅ぎまわるほどです。

第四章　だれでも実践できる尻取りゲーム型読書法　実例集

読書は自然に類を呼び、つながっていく

本書の最後は、とても具体的な読書術の紹介です。といっても、ごく当たり前な方法というべきでしょう。そのポイントは、「読めば読むほどおもしろくなる」という実感をみなさんに味わっていただくことにあります。この心境に自然に達するには、読書を「尻取りゲーム」として実践するに限ります。

みなさんが、たまたま機会があって、ある本を読んだとします。おもしろい本だったら、その本の中に登場した別の本にも興味が湧くはずですね。参考文献などに挙げられた本を、ひとわたり眺めてみましょう。そこでふたたび心を引かれた本を、続けて読んでみるのです。

次に読む本は、前に読んだ本を補完し、また拡大し、好奇心をもっと先へ膨らませてくれるでしょうし、あるいは思いがけない別の方向に飛ばしてくれることもあるでしょう。まさに、「尻取り」ですね。そんな読書になれば、ゲーム性もありますから、だれだって面白くてやめられない習慣になるでしょう。

それには、どうするか。答えは簡単です。いま読んでいる本が、次に読む本を自然に決めてくれるような読み方をすればいいわけです。本を読みながら、脳のセンサーをフル回転して、「次」をみつけるのです。そのやり方は、臨機応変です。私の場合、極端ですが、ある本に出てきた「名前」に魅かれて、その人の著書やその人の伝記を読んだりします。

たとえば、名前が気になって関心を持ち、生涯の愛読作家となった例に、こんな人がいます。

ロード・ダンセイニ：アイルランドの貴族作家で幻想小説の大家ですが、稲垣足穂が「真に男性的な作家」と評しているのを読み、この「ダンセイ」という語の重なりが気になって、英語で読みだしました。いっぺんにファンになり、私は数冊のダンセイニ著作集を翻訳しました。

ニコラ・テスラ：これも大当たりの発見でした。あの発明王エジソンの天敵として、交流電気の普及に努めたユーゴ出身の発明家です。ニコラとテスラという韻を踏んだ名前が妙に気に入り、伝記を読んだところ、大当たりです。この人、エジソン以上の電気の魔術師でした。最後にはザグレブのテスラ実験室まで行って、テスラが行ったさまざまな電気のパフォーマンスを実際に眺めてきました。

南方熊楠：いうまでもなく、熊と楠の組み合わせに即刻感電しました。私は縄文人を想起しました。以後、熊楠詣でが続いております。

どの人も、気がついてみれば終生の関心事となるにふさわしい人物でした。名前が呼ぶ、ということはあるのです。みなさんも、たとえば武者小路実篤とか芥川龍之介といった名に、ふしぎな胸騒ぎというか、興味を感じた覚えがありませんか。じつはペンネームとか芸名を人々が必死に考えるのは、そういう力が名前にあるからなのです。記憶に残るような名前には、何かがあるのです。

それからもう一つは、自分がいつも知りたいと思っているテーマを確立しておくことですね。これをキーワードとして、いつも脳の前面に置いておくことです。すると、目にそのワードがふれた瞬間、ピピッとセンサーが作動します。ここでは、最近私が体験した、「読めば読むほどおもしろくなる」キーワードの反応事例をお示ししますので、みなさんもぜひ試してみてください。

稲垣足穂の「お尻の美学」を学ぶ

最初は、これまでにも少しふれた稲垣足穂の世界を紹介したいと思います。テーマは、もちろん「お尻のむずむず」。こんなテーマが読書にあるのか？　と叱られそうですが、いえちゃんとあるんです。私の読書日記からその実例を抜き出していきましょう。

発端は、私の柄にもなく、ロシアの俳優兼演出家スタニスラフスキーが書いた自伝『芸術におけるわが生涯』（岩波文庫）を読んでみたことにありました。この人は、性格俳優を育てる演技理論を確立した人物で、アメリカや日本にも影響し、フロイトもちょっと関係しているので、興味を引かれたのです。でも、まさか、お尻の問題につながるとは思ってもみませんでした。

まずは少年期の回想部分ですが、世紀末ロシアで展開する富裕層子弟の乱痴気生活が活写されます。何しろ血気盛んな若者盛りですから、暮らしぶりもバンカラというか、童貞同盟みたいな変なスタイルです。

母に溺愛《できあい》されて育ったスタニスラフスキー少年が「兵役免除と学問上の資格」を得るため中学に入学するとき、母は息子が監禁され伝染病になるかのごとく悲しむのです。でも、無理はありません。中学校は生徒も先生も変人ぞろい。生徒を監禁する部屋などもほんとうにあって、大ねずみが中に飼ってあったそうです。

生徒を罰するのが趣味の先生もかなりいたそうで、スタニスラフスキー少年はたまりかねて転校してしまいます。でも、転校先はもっとひどくて、女性問題で先生を暴行した生徒がでたばかりだったそうです。

生徒のほうもこういう陰険な先生には反撃したくなるらしく、卒業試験のとき、全員が同じ答案を出したりします。先生が監視する中、生徒はみんなでカンニングを成功させるのです。最優秀の生徒が仲間に指サインを送って、答えを知らせていたんですね。

そこに、問題の「お尻」の話が出てきます。ミハイロヴナという名性格俳優は、特徴ある人間のしぐさや癖を観察する能力に長《た》けていましたが、敬愛する皇帝がなくなったとき、病体に鞭《むち》打《う》って葬列を見送りに行ったそうです。でも、棺《ひつぎ》を運ぶ御者の「おしり」があまりにもみごとにプリプリだったので、凝視したまま、「おしり、なんとまぁ、みごとな！」と歓喜の絶叫を発し、沈鬱な葬列を大騒ぎに巻き込んだというエピソードです。この俳優もお尻好きだったのでしょう。

このくだりを読んで、私は大笑いしました。まったく同じような話を『足穂拾遺物語』（高橋信行編、青土社）で読んだからでした。この本は、稲垣足穂の中学時代の文章をはじめ未採録作品を百本以上集め、これに詳細な解題を付した労作です。足穂の少年時代、父と一緒に見た「鳴門の海」を描く掛け軸に関する回想です。

ある日海の中で、真ん中が割れてマン丸い妙なものが突きでているのを、少年はみつけました。坊主が「あれは岩です」と説明すると、父親が「岩ですか。ぼくはまた、海女が潜ろうとして裸のおしりを出しているのかと思った」と返し、静かな寺を爆笑の渦に巻き込んだという話です。

この本は足穂の感性と哲学がほとんど生得のものだったことを知る貴重な小品群にあ

ふれていて、お尻関係ではさらに抱腹絶倒の一編「紫ふんどし」にも脱帽しました。パンツ全盛の中で独りふんどしを締めつづける一読者と足穂の来復信という形式を借り、おしりとふんどしの美学を披瀝《ひれき》していたからです。

尻の割れ目に食い込ませるふんどしを、いつも純白に保っておくため、陰部の洗い方、排便のときのしりの拭き方へと、話題は飛んでいきます。紙を何枚使って拭いても無意味、ふんどしを汚さぬためには気合もろとも便を一気にひりだしてしまう習慣を身につけろ、と指導しています。褌、裸、禅は、字に共通性があるという事実にも、気づきませんか？　禅は心のふんどしだという答えも、なかなか心に沁みるものがありました。

ボーイズラブの真相

足穂とお尻の話となれば、どうしても探究しなければいけないのが、ボーイズラブの世界です。少年愛とはいったいなんだったのか。

そのあたりを扱ったおもしろい本があります。前川直哉著『男の絆　明治の学生からボーイズ・ラブまで』（筑摩書房）です。男同士の愛です。でも、お断りしておきますが、私にそういう趣味があるわけではないですよ。関心の一つということです。

この本の冒頭はＡＫＢ48と男性アイドルグループの不思議な違いから始まります。ＡＫＢのほうは仲間で下着姿になったりキスしたりしあうのに、男性グループではそれを見せないのです。その理由は「同性愛」とみなされる危険を排除するためというのですね。たしかに私も、『三国志』の冒頭に、義兄弟の契りを結んだ劉備、張飛、関羽の三人が夜も寝台を共にしたとあるのを読んで、妙に興奮した覚えがあります。

明治政府が法律で禁止した男色の実情は、森鷗外の『ヰタ・セクスアリス』に詳しくかかれてあります。

江戸以来、男色は高齢者が年少者を意のままにする行為であって、「受け身」役が「少年」と呼ばれたように先輩・後輩の関係があったといいます。いわば武家社会の反映でありまして、その武士のパワーが落ちる江戸も後期になると流行らなくなりました。ところが明治にはいり、学生間で硬派と軟派の対立がおこります。

軟派学生は性欲の処理に遊郭通いするが、硬派のほうは、先輩に体を許すが智《ち》や志なども学べる男色に走ったのです。福澤諭吉はそれを理論化し、交際の仕方を「肉交」と「情交」に分けました。体の関係か、心の関係か、という分けかたです。それで諭吉が長く継続する情交を学生に推奨した結果、男女交際すら「やったかやってないか」が重大視されるようになるのです。

20世紀は女学生激増に伴い、情交が結婚に結び付く「恋愛」を生む一方、肉交のほうも軟派側に男同士の「同性愛」を広げていきました。そこで硬派は、軟派と混同されないよう精神的な結合を強調にする「男社会」を作り上げたというのです。

本書の後半は、女性と同性愛者を排除する「男子校」的日本への批判へと変わります。それでも、男社会で「下ネタ」を好んで話す風潮が同性愛者でない証明をするためだとか、高校の野球部の男くささに萌《も》えてしまう女子生徒が存在する現象や、草食系男子にイケメン男子といった「女性が妄想する男組」の出現など、具体例がどれも興味ぶかいのです。

ところで、稲垣足穂は晩年、頭をつるつるにした上に、タコのようなお顔をしていたので、「大ダコ」とも綽名《あだな》されていました。また、ご本人は口とお尻の穴が一緒になっている腔腸動物に関心があったらしく、トレードマークは腔腸動物の一種「イソギンチャク」でした。洒落たイソギンチャクの判子を持ってらしたと思います。

そのタコですが、現在タコ学はたいへんおもしろい状況に立ち至っております。研究が実に幅広くなっているのです。

たとえば『日本のタコ学』（奥谷喬司著、東海大学出版会）という一冊です。この本はいろいろなことを教えてくれます。タコの眼はものすごく性能がいいこと。そしてタコの口はどこにあるのかといえば、背中にあること。研究の最前線では、タコの背中がどこかというのは、ホットな話題なわけです。

これはタコが頭足類だからです。あのタコの脚の付け根をたどっていくと、タコの本当の頭があります。

つまりわれわれ人間から見てアタマに見える部分は、じつは胴体なんです。胴体の先には足がついてますよね。したがって頭の先が足だから、頭足類と呼ばれるのです。そしてあれをペロッと裏返すと、口がついている。だからタコの口は背中にあることになる。

ですから、西洋で描かれるタコの絵は、頭足類という博物学的なイメージにしたがい、ふつう丸いタコ頭が下になっていて、足が上にあります。日本はいまでもほぼ例外なく、タコ足は下、丸いタコ頭が上、むしろ鼻にあたるロートを口として描きますね。脊椎動物からすると考えられない配置を持つタコを、擬人化して理解している証拠です。こんどタコの絵を見かけたら注意して眺めてください。

こんなことを知っていくと、生物についての基本的な考え方が崩れていくのがわかります。つまり、私たちは生命というと無意識に脊椎動物を基準にしてしまうのですが、背骨のない生き物だってたくさんいる。むしろあちらのほうこそご先祖様に近い。その中には、タコのように恐るべき知能の持ち主もいるということですね。

そもそも脊椎動物はあとからきた生物。これは、目玉の近くに口があって、それから頭ができ顎ができる。そして、お腹は大事なのでだいたい体の前にできる。心臓も大事だから前にあって、守れるようになっている。後ろ側は尻尾とか後ろ足とか肛門がくっついてるわけです。

ところが、タコはぜんぜん違います。アンモナイトもそうですが、こういう怪しげな生物こそ、古代の生命体の多様性をわからせてくれる生き残りなんですね。古代には酸素を必要としない生き物もいましたが、硫化物を借りて酸素を血管で運べる生き物もいました。私たちだったら即死ですよ。クラゲもヌタウナギも、カニもイカの仲間も、深海にはまだまだわけのわからない生物がたくさんいます。古代の夢があります。

ここ二十年で大飛躍をとげた日本の「タコ学」。その成果を集めた論文集となれば一読せずにいられません。

ついでに、紹介した本で、タコ学の最前線をお伝えしましょう。「タコの体」は、どこが頭でどこが背中なのか？　最新の理解によれば、一般に坊主頭と思われている部分は、内臓が入っているので「腹」。眼と口と脳がある場所は八本足の股座《またぐら》に収まっているが、「頭」に当たる。その頭に八本足がくっ付いているから、彼らは「頭足類」と呼ばれる。一方、口がある部分を「体の尖端（前）」とすると、坊主頭の先っぽは体の後端となります。

また、ふつうは内蔵がある方が腹（おもて面）なので、その逆側は背（裏面）にあると言うしかありません。要するにタコと人間の体は別の進化系統に拠っているといえます。

ところが、謎だらけのタコの体も、その設計図が腹側に神経を置き背側に内臓を置くという人間とは逆の構造になっている点で、クラゲ（刺胞動物）やハエ（節足動物）などと一致しています。私たち人間を含む脊椎動物だけがその配置を逆転させ、内臓を腹側に置いているのですね。また、食べるための口はどの動物でも体の前方にあります。ところがタコの場合は肛門が後ろへ行かずに折り返され、口と隣り合う場所についています。前後に延びるべき神経も両方の端が丸まって脳という塊になっているんです。

ただし、ここに視覚、五感などの知覚中枢が集まるので、じつは人間とタコの脳は同じプランを持っていることにもなります。ということは、「心」についてだけは、構造のレイアウトが同一の基盤に立つのではないか？　ひょっとするとタコの気持ちだけは人と分かりあえるかもしれない、とこの本に書いてあって、まんざら冗談でもなさそうなので腰が抜けるほど驚きました。

以上の一冊は、私が朝日新聞で評するために偶然読んだ本の一冊でした。ついでですから、『凹凸形の殻に隠された謎 腕足動物の化石探訪』(椎野勇太著、東海大学出版会)という、腕足動物について書かれた本も紹介しておきましょう。

腕足動物は、一見すると二枚貝に見えますが、まったく貝とはちがう独立の門に属します。足のように見える部分がじつは腕らしく、シャミセンガイなどが有名です。エドワード・モースが日本にきたときに採集した動物です。カンブリア紀に出現し、古生代に繁栄しました。

本書はこの腕足動物にかんする珍しい研究をまとめたものですが、私たちが知らないことだらけです。こいつは貝ですが、殻を開けると、中に身がありません。では何があるのかというと、海水をとりこんでプランクトンを漉し取るネットしかないのです。それを腕のように動かしますから、腕足類と呼ばれています。

いままではマイナーで研究も乏しかったのですが、砂岩から化石がたくさん出てきて、いま腕足類に関する研究書はぞろぞろ出はじめ、タコもすごいけど腕足類もすごいぞ、といった気運が広がってきました。

もうひとつ、『波紋と螺旋《らせん》とフィボナッチ』(近藤滋著、学研メディカル秀潤社)という本も、名著といっていいでしょう。この本は、発端にキリンの縞模様論争というふしぎな事件があります。寺田寅彦博士のお弟子で平田森三という先生が、キリンの縞は卵割のときにできた裂け目の痕だという理論を出して、大騒ぎになったのを、背景にしております。

シマウマの縞、アンモナイトの巻き方、カメの甲羅、指紋の渦……と、奇想天外な紋様の数々がどんなメカニズムに従って生成していくのか、そこには物理学とは違う法則が働いているということを、たいへんわかりやすい比喩などを用いて書かれています。

この本ですごいのは、オウムガイは自分の意志で、あの巻き方を造りだした、というところです。一生懸命ガスの調節をして、自分がもっとも捕食しやすい姿勢に浮いていられるよう貝殻の巻き方をコントロールしているというんですね。つまり、浮き袋を調整して自分の体の向きをただそうという意志が、あの巻き方を造った。その意志と努力の結果として、あの美しい形状が生まれたのであって、物理的なフィボナッチの数理理論だけの問題ではなかった、というのです。驚きましたね、意志の力が貝殻の形を決めるなんて。これも、私には「目から鱗」でした。

それから色彩の研究に入っていくわけですが。そこで注目したのがゼブラフィッシュという熱帯魚。青と黄の筋がきれいに入った魚です。

色素細胞はたくさん並ぶと増殖率が高くなるので、だいたいどちらか一方に寄ります。ではなぜ縞模様ができるかというと、本書の結論は、色素細胞は近くのものとも手を取り合うけれども、遠いものとも手を取り合う、影響しあう、というのです。この矛盾した傾向が抱きあわせであるからこそ、きれいな縞模様ができるのです。

これは今までの概念とはまったく違う、色彩や生命のかたちについて論じた本です。

地形学から読む『土地の文明』

さて続いての一冊は、地形学です。海から陸に上がりましょう。タコやシャミセンガイを通じて「形」に魅かれた方には、発展テーマとして地形をおすすめしたいのです。

竹村公太郎さんの『土地の文明　地形とデータで日本の都市の謎を解く』（ＰＨＰ研究所）は、地形を読めばいろいろなことがわかるんじゃないか、という発想で日本の歴史的事件を再吟味する意欲的な本です。竹村さんは土地測量とか都市計画をやっているお方なんです。

たとえば地形から読む、江戸の遊郭。むかし人形町にあった「元吉原」は、幕府によって浅草の「新吉原」へ移されます。明暦大火で移転されたことになっておりますが、竹村さんによればもっと深い理由があるのだとか。

浅草の端っこにある吉原へ通うには、日本堤の土手を歩いていかなければなりません。そしてそこは洪水被害にいつも悩まされていました。そこで幕府は一計を案じたというのです。

「江戸の街を洪水から護る日本堤だから、たくさんの人が歩いてそこを踏み固めれば、土手は自然に強靭になるだろう」と。

それには、人間のスケベ心を利用するのがいちばんいい。こうして男たちは夜ごと吉原に通いつめ、結果、江戸の治水に貢献したというわけです。

この説を聞いたあと、霊岸島について調べる機会がありました。あそこは新川というお蔵街をつくるために、人が住めるようにする必要があった。すると幕府は、霊岸島に遊郭を置いたんです。そして、人々に踏み固めさせようとした。そういうことが書かれた古文書を目にする機会があり、竹村さんの慧眼に唸ったものです。

また本書には、忠臣蔵は幕府による吉良家つぶしであり、半蔵門こそ江戸城の正門であるという説も展開されています。

半蔵門は旗本の一番組や二番組を集めた武家街のそばにあって、ある種の砦をなしています。また半蔵門から伸びる道はまっすぐそのまま甲州の山奥まで通じている。ほかの門は橋が架かっているけど、半蔵門だけは堤。橋は切り落とすことができるけど、堤はできない。つまり半蔵門だけを死守すれば、将軍様を甲州の奥へ逃がせるというわけ。常盤橋が正門だというのはフェイントだというのです。そのくらい大事だから忍者の服部半蔵に守らせたらしい。

もうひとつ、竹村さんは、赤穂の浪士たちが潜んでいたのが半蔵門周辺だったことにも気がつきました。そこから、幕府が赤穂浪士を保護し、討ち入りの応援もしていたんじゃないかとも考えるわけです。これは私も現地に行って気がついたのですが、吉良家には領地に塩田があり、これが幕府の利権とバッティングしていたようなんですね。

吉良家は河口付近のいい塩田なんですが、上流が幕府の持ち物だった。だから幕府は吉良家の利権を取り上げて、塩田を自分のものにしたいと思っていたというんです。そこで幕府は、赤穂と吉良家が諍《いさか》いを起こしたのを幸いとし、陰ながら赤穂浪士の討ち入りをバックアップした。そのとき、浪士たちを半蔵門の周辺に潜行させたんです。

幕府は吉良家の大名屋敷をわざわざ何もない向島のほうに移転を命じたり、大石内蔵助が両国橋を渡りたいといったら幕府の役人が「ここはダメだけど、ほかならいいよ」と言ったり、完全な馴れ合いです。これらも、幕府が赤穂浪士をバックアップしていた一つの根拠となるわけです。

とうとう、「尻取りゲーム」式読書が、お尻から始まって地形学にまで発展してしまいました。

『方丈記』と中世の発見

でも、こうやって地形を読んでいくうちに、日本史にも新しい関心が湧いてくるのです。そこで次に、歴史を取り上げましょう。もっと切実な時代感覚で歴史を考えるべきである、と思いついた人たちが、中世のころ数多くでてきました。だいたい10〜12世紀ころのことです。

日本でいうと『方丈記』の鴨長明がそうですね。「ゆく河の流れは絶えずして、しかももとの水にあらず」という冒頭の世界観・歴史観は、たいへんに概観的です。

歴史は流れである。主人公は変わるけれど、一定した河の流れはあるんだよ、と長明は言いました。どこか進化論みたいですが、歴史には必ず方向性がついているのだという認識がある。だから、「起源・現在・未来」が河のようにつながっているんだ、という概観を持てたわけです。

ただし、中世では同時に、「どうやら未来は明るくないようだな」という絶望感がありました。『方丈記』もそうです。「あんな都をつくったけど、自分の暮らしは滅茶苦茶じゃないか。俺もひどい目に遭ったものだ」という記述が多い。おそらく長明は、人の世をうんと引いて眺めること、つまり概観することによって、ひどい目に遭った自分を納得させようとしたんでしょうね。個人の力では抗《あらが》えない力が働いていることを、概観することでもって悟ったのです。

神話段階の記紀でもそうですが、「自分たちの起源はこうで、現在地点での流れはこうです、だからいま自分たちはここらへんに立ってます」という説明は、国土が明確でなければ意味がありません。しかも、その国土を外国にも認めさせなければなりません。記紀はそのために書かれました。

個人の場合も事情はおなじで、30年前にうちのおじいちゃんが店を開きました、程度の歴史じゃダメなので、だから一族のルーツについて思いを馳せることになるわけです。個人も国家も、「大きな流れ」を把握して自分を説明できないと、信用されないし自信も持てないのです。

そこで概観本が必要になるんです。個々人のルーツ探しも、生まれ育った国への愛着も、自分たちの立ち位置や郷土愛や国民意識も、すべて概観からみちびかれます。つまり概観本は人間にとって、いちばん基本的な自己証明書のテキストなのです。

それで概観本はくりかえし書かれてきました。中には歴史の偽造もたくさんありましたけれどもね。私たちはこうやってほかの動物が持たないロングスパンの歴史感覚や時間感覚というものを養い、それを磨くために史書も書かれてきたわけです。

その意識が明確になったのが中世でした。中世の末法思想は５００年単位で時代を理解していました。日本でも西洋でも、どこの文明社会でもあのころに末法思想や至福千年説などが流行し、自分たちの時間感覚をはっきり認識したのです。

「系譜」の誕生

ところが中世以後の歴史家たちは、はじめて「未来」という「まだ来ない歴史」にも注目しだしたのです。過去から現在を辿ってみると、「どうもこの時間の流れは、単に元へ戻るという循環的なものじゃないらしいぞ」と言い始めたのです。

そして、「この流れは途切れることもあるようだ」とか、「未来は暗いみたいだぜ」とも言い始めます。末法思想が、その代表です。これは人類の時間感覚にとって決定的な変更でした。それでどうなるのか。「世界の終末」を意識するわけです。

それまでは割合、呑気なものでした。どうせ60年で元に戻るんでしょ、還暦というくらいだから循環するんでしょ、と。記録する媒体もないころは、語り部や聞き部という人たちがいて、それぞれ、「おじいちゃんのお父さんはこういう人で、そのまたお父さんはこういう人だった」と語り伝えていたんです。

すると、おそらく直接会った人のもうひと世代前くらいまでの話しか正確には残っていなかったと思うので、信用できる話といってもせいぜい5代前くらいまでですね。ひと世代を30年とか40年とすると、5〜6代まで遡って、だいたい200年ですかね。現代でいうなら、せいぜい幕末頃までです。むかしの人の時間軸の感覚は、長くてそのくらいだったと思います。

ところが、時間感覚が長くなれば、いつしか終わりがある直線としての系譜というものが作られるようになります。開祖はこの人で、次にこういう人が出て、と系統樹のように延々とつづくのが系譜です。で、大切なことは系譜というものは「戻らない」んです。循環しない。ここで初めて、一直線の時間感覚というものが誕生します。子孫がふえていったり、逆に絶えたりのドラマとなるわけです。

ここから、「概観」の大切さがものすごく強く意識されだしました。こうなると、みんなが系譜を絶やさないように努力しはじめます。未来のために自分を犠牲にするという、新しい時間感覚が生まれます。生物はだいたいこの戦略ですよね。自分は死ぬけど、子孫は残る。

わかりやすい例でいうと、アダムとイブの話があります。それまで神話世界に暮らしていたふたりは、円環的な世界に生きていました。永遠不変の世界です。しかしヘビに教えられて、智恵の実をかじったことで、系譜や円環時間以外の時間意識を持った。進歩というのは、その目標です。明日は今日よりすばらしい。だから、明日に期待する。アダムとイブがセックスを発明するのも、未来が今日よりすばらしくなるという認識によってだったと思います。たしかに、アダムの子孫は先祖よりも多くのものを発明しました。

円環の世界とはクローンの世界みたいなものですから、同じようなものがグルグル回るだけだったのですが、セックスによって初めて、二つの異なるものが合わさって新しいものを生み出すという「進化世界」が生じてしまった。神世界から人間世界へ、ともいえます。これが、系譜の思考をうみだします。つまり、直線的な時間軸の世界へと、アダムとイブは放り出されてしまったのですね。

ここで「概観《アウトライン》」と言ってきましたキーワードは、系譜という新しい見方を加えて、いわゆる「大系」という言葉に変化します。「総まくり」という意味ですね。もっとシステマティックになると「体系」とも書けますが、ここでは気楽な「大系」の方で考えていくことにします。

梅棹忠夫と小松左京の暗い終末観

さあ、そこでいよいよ大系本の出番になります。ご紹介したいのは、大阪の民族学博物館を開いた梅棹忠夫さんです。名著とされる『知的生産の技術』については、すでにお話ししてありますね。梅棹さんもこのアダムとイブの話を好んで話題にされておりましたよ。梅棹さんは『図説世界文化史大系』でとくにインドとアジアの文明の歴史を概観しました。この『図説世界文化史大系』っていう本は角川書店で出版されたのですが、先述しましたようにH・G・ウェルズが戦前に同名の本を出しているせいで、混乱している読者も多いと思います。

若いころの梅棹さんがかかわった角川版『図説世界文化史大系』は文化史と謳ってますが、実際は「文明史」なんです。近代技術史なんです。キリストが出たとか徳川家康が活躍したとかっていうような人文的な歴史じゃ全くなかったんですね。

人類の知的な生産の、火を使って、やがて車をみつけ、鉱物を使い、それから飛行機が造られたとかっていう、人間の文明的な問題をずっと扱った本が出て、こういう大観の仕方があるのかって驚いたものです。

ところが、そのあとに梅棹さんが参画された『世界の歴史』（河出書房）という、こんどは人類の歴史について概観し、大系にまとめた叢書が出ることになりました。これがまた、めまいを感じるような壮大な大系叢書だったんです。これまであった西洋史中心の歴史でなく、イスラムもインドも、なるべく広く取り込んだ、真に「世界史」といえる陣容でした。そしてこの一巻目が、梅棹さんの師匠である今西錦司先生の『人類の誕生』だったのです。

これに対し、出版社側が梅棹さんに持ち込んだのが、最終巻の25巻目にあたる、『人類の未来』でした。完全にH・G・ウェルズを越える企画です。こんなSFめいた巻を入れることなど、当時の歴史学界は容認しなかったでしょうが、河出書房は京大の今西さんや梅棹さんなど異能の研究グループに仕切りを任せたので、実現いたしました。

原人のような古いところから「歴史」を書き起こすシリーズにかかわったところが、まことに梅棹さんらしいのです。「知を持ってしまった生物としての人類」という視点なんですね。石器を使い、火を使い、二足歩行するという、進化にとって非常に重要な要素を次々と明らかにしていく。これが楽園を追放された人類の、つまり知を持ってしまった人類の辿ってきた道だという概観の仕方でした。

しかしこのシリーズの最後、「人類の未来はどうなるか」というのを梅棹さんご自身が担当されることになったのですが、まったく前代未聞の企画でした。これだけはタイトルも「人類の未来」と決まっていたのに、結局、梅棹さんは書きあげられませんでした。博物館設立やらなにやら、超多忙であったのが不運でしたが、

「このまま行けば、人類の未来はどうせろくなものにはならないだろう」

という不安もあったろうと察せられます。梅棹さんはその救済策を提示したかったと

思いますが、どうもこのコンセプトが最後まではっきりした言葉にならなかった。硬質な数学的正確さで知られる梅棹さんでしたから、曖昧な言葉で書きたくなかったのでしょうね。

古い円環的な世界は、キャパシティというか限界がいつもあります。静的でスタティックな世界には進歩がない代わり、未来も終末もないので気楽です。春は夏になり秋になり、冬になってぜんぶ死滅しても、やがてまた春がやってくる。ひとり死ねば、ひとり生まれる。要するに、戻ってくる世界です。

しかし直線的な時間軸の世界では、昨日より今日のほうが要求するものが増えていく。すべてが増えていくのが、知の世界の特徴です。核分裂する世界です。だから人口も増えていく。するとキャパシティオーバーになります。

「行き先は暗い。この暗い未来を人類はどう生きればいいのだろう」

梅棹さんはここで悩むわけです。私は「人類の未来」に関する梅棹さんの構想メモを拝見したことがありますが、最後は「進歩を願う以上、その先は暗黒だ」と予想されていたようです。

梅棹さんとは別に、多くの人類神話も、そんな予想が多いのです。北欧神話の神々の黄昏《たそがれ》、キリスト教の最後の審判、仏教の末法思想。私たちもそれにつながって、暗い未来を予言しなくてはならないのではないか？

そのころ梅棹さんは、小松左京さんをはじめとするＳＦ作家の人たちと交流していました。大阪万博を支えた未来学のグループも、これに含めましょう。

１９３３年のシカゴ万博ではじめて万博にテーマが設けられたとき、それは「進歩の世紀」というものでした。人類はまだ、直線的な進歩に輝かしいものを感じていたのです。

しかし梅棹さんたちが１９７０年に大阪万博を開いたときのテーマは「人類の進歩と調和」。「調和」を入れたんです。どこかで循環的な調和というものを取り戻しましょう、と言わざるを得なかったんですね。人類の未来には調和が必要です。そうしないと、えらいことになりますよ、とね。

そのときから小松さんなども一緒に、「未来学」が注目を集めるのですが、多くの人々は誤解しました。あれは明るい未来を構想するものではなくて、じつはダメになっていく未来をどうやって支えていくか考えましょう、というのが目的だったからです。

やはりいちばんの問題は人口爆発です。キャパを超えるということは、静的な宇宙観を破滅させてしまう行為。それをわれわれ拡張発展型の宇宙観を持った人類がやっているのではないか。１９５０年に25億人だった人口は、いま70億人、やがて１００億人を突破するでしょう。

産児制限などをはじめて、一部では少子化も進んでいますが、食料不足や水不足というイメージは、ただちに終末への引き金となります。

マルサス理論や進化論もそうですが、人間は淘汰される。人口爆発するとろくな未来はない、というのが未来学や、小松さんをはじめとした日本のＳＦ作家がさまざまに描いた終末観でした。

現在の日本のＳＦはコスチュームプレイや、ドラゴンと闘うもの、みたいになっていますが、やはりあの時代には必要な想像力だったんです。未来を考える器として、ＳＦというのはたいへん有効だった。

小松さんの作品にしても、わけもわからず宇宙人がやってきて地球を侵略したりする話があるのですが、これらもすべて人類がこの2000年くらいずーっと考えてきた「概観」とつながっていたんですね。

こうした経緯を踏まえておくことで、「起源・現在・未来」という立脚点を得ることができる。視座がうまれる。私たちもこのような概観力、見通し力があれば、いろいろな本を読むときに、非常に便利に感じられると思うんです。

事件をともなった本、H・G・ウェルズ『世界文化史大系』

ちなみに先にお話ししたウェルズの概観本『世界文化史大系』についてもお話ししておきます。前の節でお話しした『世界の歴史』河出書房版なんかも地球の誕生からスタートしていて、何よりもH・G・ウェルズの『世界文化史大系』とのかかわりを想像させますが、1918年の第一次世界大戦時から執筆されだした元祖のほうは、戦争状態を脱して西洋＝キリスト教だけを軸にしないグローバルな世界史を書こうとしたウェルズが、地球の始まりから歴史を書きはじめ、西洋だけでなく日本やアフリカにまでも目

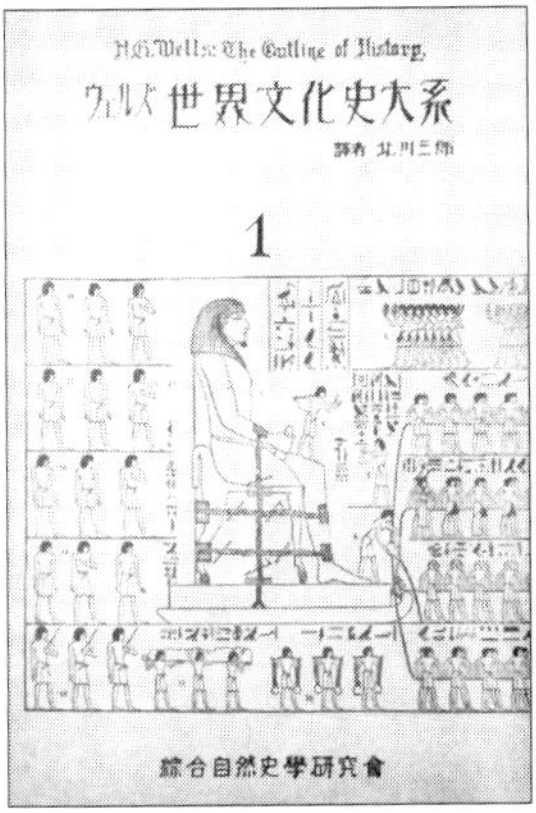

▲北川三郎訳『世界文化史大系』

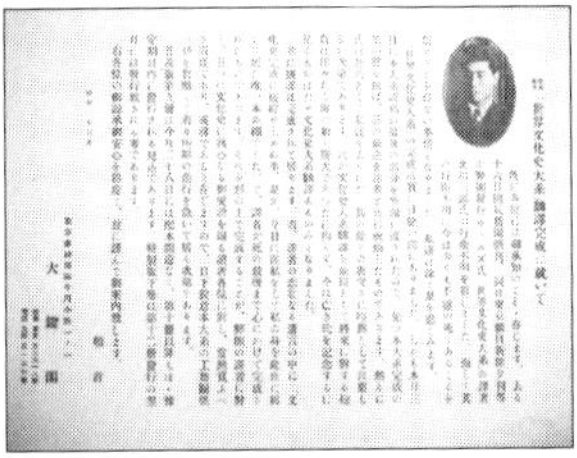

▲訳者・北川三郎の行方不明を伝える出版社告知

配りをした全地域を包みこむグローバル・ヒストリーをめざしました。

それでも、こうした本はかえってバッシングの渦に巻き込まれ、共産主義国、イスラム圏、そして真正な歴史学者からも、激しい批判が浴びせられたそうです。でも、ウェルズはそれに抗して歴史を「未来」のための道程と位置づけて、毅然と書き進めました。これが成功の理由だと思います。未来のための資料としてなら、各国が利害を乗り越えられるんです。

さて、未来のために書かれた現代の「目撃談」であるH・G・ウェルズの本は、大正8～9年頃に翻訳が試みられます。結局昭和2年にこの仕事を完結させたのは、北川三郎という旧制高校の理科教授でした。ウェルズもうんざりしたという各方面からのクレームが、たぶん日本でもあったのだと思います。北川は最後の訳稿を出版社に渡した後、行方不明となり、のちに精進湖畔で心中を図りました。北川には肝心の「未来」が信じられなかったのです。

私は、この訳書の熱心な読者ですが、それ以上に訳者北川三郎の自殺に関心をもちます。というのは、この訳者はほんとうに律儀な人で、ふつうは謝辞を送ることのない活版の版組職人にまで、丁重なお礼の言葉を書き残しているからです。

この本の活字を組んだのは、奇遇なことに、本書にも出てくる活版工房、秀英舎です。「九ポイント五十一字詰十六行総ルビ付きでギッシリ詰めた件。ユダヤ、ギリシアなどの擬字を使った件、これ等の時代錯誤は重々御叱りを蒙ります」と、序言に記されています。ところがそれとはうらはらに、北川さんはこの大著を翻訳したことで心に傷を負ったかのように序言を綴っています。自分の力不足、原著者ウェルズの意向に反して、なかば学術的な部分を強めてしまった詫びなどを。

当時北川さんは31歳だったそうです。昭和3年3月、彼は六本木カフェの女給とともに富士山の樹海に入り、自殺します。「遺書には、この文化史大系の出版を破綻させぬことが、私をしてこの世に身を置かせた唯一の縄でした」と認めてあったそうです。ですが、二人は極寒の雪の中で毒をあおったのち、北川さんだけが息を吹き返したらしく、その後2週間ほど経って、ようやく10㎞ほど離れた林で死体が発見されたといいます。何度も死に損なった跡があり、北川さんの苦しみは地獄もさながらだったと推察できます。

後に判明したのですが、北川さんは彼女との結婚を親から反対されていました。その厳しい現実を前にして、未来を語るウェルズの世界史がまったく力にならなかったのかどうか、私は知りたいところです、もし機会があれば。未来の滅亡までも語った『方丈記』を読むように、アドヴァイスしたかったたです。彼がH・G・ウェルズを訳しながら、恋した女性と結婚できない「未来」をみつめていたとしたら、泣けてきます。

みなさんにおすすめしたいんだけれど、この翻訳本がなかなか手に入らないのです。でも、人類の歴史を概観して未来の絶望を察知してしまった学究が好きな女性と心中を選んだという事件を、忘れられません。

楽観論を笑うディドロ、フーリエの笑えるフランス革命

未来を概観する本の話が、思いもかけず暗い話になってしまいました。読書の奥深さがここにあるわけですけれども、ここで明るい方の話にうつりましょうか。

どんなに不幸や不運が続いても、強く生きていける力強い思想を取り上げることにします。それは楽観論です。有名なライプニッツが楽観論の代表として知られています。いまどんなに不幸でも、神がそれでもその不幸を最小にしてくれているのであって、もし神がいなかったら、あなたはもっと不幸になっていたんですよ……などといわれたら、どこか新興宗教っぽく感じてしまいますか？　でも、それが楽観論なんです。

たとえば18世紀フランスの啓蒙主義者たちの多くは、フランス革命にそのような楽観論の夢を見ました。革命が起きれば、人はそれだけで寿命が延びる、と信じられた時代なんです。ディドロの『ダランベールの夢』（岩波文庫所収）という本は、そうした革命の夢に浮かれた世界を皮肉ります。

ディドロは『百科全書』の企画や執筆をした、まさしく概観本の代表みたいな人です

が、これはダランベールという当時の数学者が、パーティで夢を見ているあいだにさまざまな妄想を膨らませるお話で、それ自体は知的な考察に満ちています。私はどうしても、筒井康隆さんの諷刺ＳＦをおもいだしてしまうのですが、非常にクレバーなファンタジーともよむことができます。

フランス革命のころのお話なので、「社会をよくする」ということだけに止《とど》まらず、社会をよくすることで人が健康になって長生きするという不思議な信仰があったことが、窺えます。あの時代のフランスでは博物学が流行るのですが、王立植物園には動物園もできて、たくさんの動物たちが運び込まれてくる。そこでダランベールたちは、「動物も社会のために使えないか」と考えるわけです。

まずゴリラに御者をさせてはどうか。力が強いから馬をよく制御できるのではないか。お姫様を乗せたゴリラが街を走るなんていいじゃないか。あとはハトなんかも改良を加えて、人類社会に役に立てるようにできるのではないか。こんな空想をしているところが、フランス革命の楽観的な一面を如実に物語っているんです。

これに似た話では、空想社会主義者のフーリエという人がおりまして、社会改良のためにはクジラのような海の巨獣も社会に役立たせようと考えるんです。さらには、北極なんかにある氷山だって何かに使えるんじゃないかと空想する。北極の海をぜんぶレモネードにすれば、氷山の氷が冷やしてくれるので具合がいいのではないか、と。

まだあります。世の中には子どももたくさんいる。彼らにもぴったりの仕事があるはずだ。そうだ、彼らには排泄《はいせつ》物の掃除をさせよう。なぜなら、彼らはおしっこやウンコが大好きだから。『Dr．スランプ』のアラレちゃんを見ればわかるとおり、子どもはウンコがあれば近寄ってつんつん突《つつ》くような生き物だ。彼らが汚い仕事を喜んでやってくれれば、社会にとってたいへん有益である。

こんな話を読むと、フランス革命が教科書で読んだのとはまた違う、とんでもない空想的な一面があったことがわかります。

SFとしてのヴォルテール『カンディード』

フランス革命に影響を与えた人でおもしろい本を著した作家といえば、ヴォルテールという人がいます。むかしヤコペッティというイタリアの映画監督が『世界残酷物語』という有名なシリーズ映画を撮りました。世界中の民族が実践している残虐な儀式などを描いた作品群ですが、その一つにヴォルテールの書いた『カンディード』という作品をベースにした残虐喜劇があります。私はこれこそ18世紀の筒井康隆だと絶賛している諷刺物語です。テーマはずばり、楽観論です。

この本は、当時あった楽観論を非常にうまくできた物語を使って批判する作品でした。楽観主義者がいかにお気楽であるかを、手厳しいブラックユーモアで実感させていきます。

カンディードという、とにかく不幸な子どもがいます。親も知らない生まれでしたが、たまたま大金持ちが拾ってくれる。どんなに不幸に生まれても世の中どうにかなる、という楽観主義的なフリで始まります。

ところがカンディードはそこにいたお姫様と恋仲になってしまって、「恩義のある俺の娘に手を出すとは何事か」と父の怒りを買い、追い出されてしまいます。

そこから奴隷に売られ、ヨーロッパの楽観主義を破壊したといわれるリスボン大地震にもぶつかり、さらにアメリカへ追い立てられ、鉱山で奴隷労働していたところ、思いがけなく、金を掘り当て、一発逆転のサヨナラホームランを打ってヨーロッパに帰ってくる。それで夢にまでみたお姫様をお嫁にもらうことに成功します。楽天論の勝利です。

途中で体がバラバラになって死にかけるのだけれど、裁縫の上手な婆さんが出てきて縫い合わせてくれたりと、めちゃくちゃなユーモアSFみたいな話もあるんですが、最後に皮肉などんでん返しがきいています。じつはそのお姫様が悪妻であったというオチ。

私は、心が暗くなるときは、この『カンディード』か『ドン・キホーテ』を読むことにしています。頭が本に占領されたときなどは、このうえない悪魔祓《ばら》いと笑いを提供してくれるからです。いま思いついたのですが、さきほどの北川三郎さんがもしもヴォルテール『カンディード』の明るい諦めを読んでいたら、気持ちが変わったかどうか、そこにも関心が湧いてきます。

尻取り式読書法のおおざっぱな楽しみ方をご紹介しました。この本も終わりにちかづきましたので、最後に私が以前、頼まれて執筆した尻取り式読書の実例を、ここに再録したいと思います。みなさんが少しでも、読書の醍醐味に触れていただけたら、これほどうれしいことはありません。

お天気日記を読む楽しみ

気象のことがおもしろいと知ったのは、小学六年生のときでした。今からちょうど50年前の話ですが、当時の小学校では毎週一時間、自由にテーマが選べるクラブ活動の日があり、スポーツ系から文学系まで、さまざまな部門があるなかで、天邪鬼だった私は最も人気のないクラブを選ぶことにしました。それが、気象クラブだったのです。動機はそれだけだったんですが、台風発生のメカニズムを教えてもらい、気圧や気流の驚くべき影響力を知るに及んで、これはすごいクラブに入会したものだ、と自分の運の良さに感動したものでした。

中学生になってからは、気象への関心がさらにひろがりました。釣りや磯採集に熱中したため、大潮や小潮、干潮や満潮といった潮時を毎日たしかめ、月の満ち欠けを観察しては、来週の日曜日なら潮回りがよくなる、と海へ行くスケジュールばかりを気にする日々となったからです。釣り人はみんなそうだろうと思うのですが、月の満ち欠けがすぐ分かる太陰暦のカレンダーがほしかったんです。また、ごく自然に海水温の変動も大きな関心事となり、これがのちにエルニーニョ現象への興味につながりました。この現象を辿っていくと、ガラパゴス諸島のウミイグアナが危機に瀕した原因も、ナスカの地上絵が描かれた原因も、みんなわかってくるような気がしました。気象の世界では、まさしく「風が吹けば桶屋が儲かる」という因縁が、ふつうに成立しているのですから。

そう思うと、なんということもない毎日の天気が、とても気になりだしました。そのくせ、夏休みに絵日記を書かされ天気を記入することはストレスでした。私は8月末に集中して宿題を仕上げるタイプだったので、毎日律義に記入しなければいけない天気情報には困りました。そんなとき、ふと、毎日のお天気は、いったい何時の時代から正確に記録されているのだろうか、という疑問が湧きました。

この疑問をクリアーするための調査は、なかなか時間がとれずに延び延びになり、結局50歳をすぎるまで放りっぱなしになっていました。ようやく2000年頃になって、明治時代の新聞には、天気予報でなく、実際に観測された前日の天気データが出ていた事実を、突きとめました。たとえば朝日新聞明治21年7月4日付けを見ると、第1面に3日正午のデータとして「寒暖計74度、天気曇」とあります。当時の朝日新聞は大阪で発行されていましたから、大阪地方の実測データだと思いますが、ちょうど日記のように発行日前日の天気が書いてある。この時代、気温が華氏で表記されていたのもおもしろく思いました。ちなみに、華氏74度は摂氏23・3度に相当します。天気予報は東京気象台が明治17年から発表しているそうですが、大阪ではまだ天気予報は使われていなかったのです。

この発見に味をしめて、いよいよ、天気情報を記入した古い日記に関心を向け出しました。日本では、花鳥風月というくらいに季節感に注意を払う文化があり、実際に和歌や俳句では気象が重要な題材になります。とすれば、当時の俳人は天気にうるさかったはず。こころみに、小林一茶の『七番日記』（岩波文庫）を読んでみました。毎日の発句を綴った日記ですが、いきなり驚かされました。どの句にも日付と天候が書き添えてあったからです。文化11年1月1日は、「晴　寒」と書いたあとに、「門の木の安房鳥もはつ声ぞ」と、一句つづけています。句を味わう上にも役立つ情報です。元旦にふさわしい晴の日の句だったと知ると、情景が心に浮かんできます。さらに7日の書き込みを見ると、「七雨　巳刻ヨリ雪」となっています。その後は晴れ、雪を繰り返し、15日は晴れ、南からの強風が吹き、昼より小雨となるのです。たぶん、道路に積もった雪はぐちゃぐちゃになったでしょう。そこで一茶が、「門の雪汚れぬ先にとく消えよ」（漢字は私が補っておきました）と詠んだわけです。日記で天気の具合が分かったおかげで、一茶の句の気分が共有できました。これは立派な気象記録だ、とうれしくなりました。山本健吉が、俳句は挨拶だ、と言ったのは有名ですれども、俳句は「お天気日記」だ、とも言いたくなりました。

江戸の国学者、平田篤胤とその跡継ぎたちが長年にわたり記録した『気吹舎日記』は、その原本を拝見したこともあります。江戸後期の数十年にわたり毎日の天気をしっかり記述しているのです。この情報だけでも有用な日記といえますが、もっとおもしろい楽しみ方もトライできました。平田一門と一茶は活動した年代が重なり合うところがあるのです。たとえば長野県の柏原に住んだ一茶の天気記録と、江戸に住んだ平田一門の天気記録とを付け合せすると、同じ日の天気の違いを分析できるのではないかと思ったのです。

これは天気予報の資料としても役に立ちそうな予感がしました。

幕末の日記になりますと、さらに天候に関して詳しくなります。嘉永六年に長崎でロシアのプチャーチンと外交交渉にあたった幕臣、川路聖謨《としあきら》の『長崎日記』(平凡社)を見てみましょう。

「(十一月)二十一日 晴(折々時雨。此節五十五、六度より寒きことなし)」とあります。岡山あたりでの記載ですが、なんと、すでに寒暖計を読んでいたことが分かって、びっくりしました。華氏55、6度といえば、摂氏13度内外です。たしかに、それほど寒くはありません。江戸時代の天候が正確に実感できるなんて、すごいことではないですか。緒方洪庵の適塾関係者なども寒暖計で毎日の気温を測っていましたから、幕末の気温はかなり詳しく分かりそうです。

近代の日記では永井荷風の『断腸亭日乗』がよく知られています。昭和10年1月2日の書き込みに、「昨来暖気例ならず。今朝も火の気なき書斎の寒暖計を見るに華氏六十

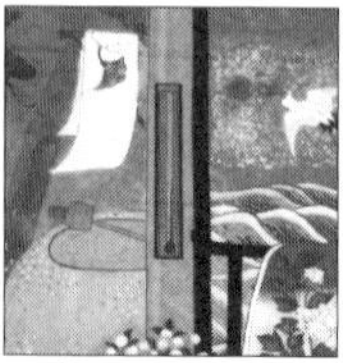
▲寒暖計の拡大図

▲「供養絵額」(岩手県遠野・善明寺蔵)

五度を示したり」とあります。華氏六十五度といえば、摂氏18・3度に相当し、正月とも思えぬ暖かさだったことを実感できます。荷風が元日の項に「一天拭ふが如く暖気四月に似たり」と記しているのも、決して文学的な誇張でないことを知りました。それにしても、華氏で気温を測る習慣が昭和にはいっても行われていたとは興味ぶかいではありませんか。私は戦後のベビーブーム世代ですので、華氏の目盛りを読んだ経験がない世代ですから、なんだか不思議な感じがしました。

　華氏の目盛りを持つ寒暖計で最も記憶に残るのは、岩手県遠野市に伝わる「供養絵額」の一つに描かれていたものです。

江戸時代後期から昭和期まで、遠野市には、死者を慰めるために縁者が絵額を制作して寺院に納める習慣がありました。裕福で幸福にあふれた現世最高の生活を、あの世でも変わらずに送っている故人の姿を描いて、供養するものです。

家族に囲まれ、ご馳走を食べ、家業は繁盛し、ペットや楽器など趣味も心ゆくまで堪能し、当時舶来品であったと思われる柱時計に寒暖計までが揃う立派な座敷で、亡くなった人が悠然と暮らしている絵でした。

あの世の絵というと、地獄図か涅槃図、あるいは死んだために叶えられなかった想いを来世で実現する図が思い浮かびますが、遠野は裕福な商人が多かったようです。まさに、この世で味わっていた世俗的贅沢を堂々とあの世にまで持ちこんだ、明るく幸せな故人の絵柄といえましょう。ですが私は、そこに柱時計と寒暖計を見て、驚愕したのです。あの世でも時間があり、寒暖があるのだ、と。聞けば、寒暖計までもあの世に持ち込んだ、徹底的に現世主義の供養絵額は、日本中探してもここにしか存在しないと思います。

荷風の話から、つい脱線してしまいました。荷風の日記には、季節ごとの風俗が詳しく書かれていて、戦前の東京を知らない世代をびっくりさせてくれます。夜中によからぬ界隈を取材がてら散策する荷風趣味のおかげで、都会の夜の生態が分かるからです。

昭和11年9月7日は、朝から華氏90度（摂氏32・2度）の猛暑でしたが、荷風が夜に隅田公園を歩いてみると、芝生やベンチや池のほとりなどに「ほとんど裸体にひとしき不体裁なる身なりの男」がゴロゴロしていたり、アベックも多く、紙くずとバナナの皮のちらばったなかにも、シャツ一枚の男が寝込んでいました。夏の夜は公園がすごいことになっていたようなのです。

荷風ご本人も、その足で玉の井に出かけ、風俗街の観察に精をだすのですが、お客と外出することになった女性に留守中の店番を頼まれる始末。結局深夜近くまで留守番する羽目になりますが、退屈まぎれに女性の家をタンスの中まで調べつくし、とうとう家の見取り図を完成させてしまいました！

かと思えば、「（大正六年）十月十五日。曇る。鵯（ひよどり）鳴く。園丁来りて倒れたる庭木を引起したり。夜また雨」などと、風流な季節感への目配りも忘れておりません。荷風はじつに興味のつきない日記作者です。

しかし、私がみつけた日記作者のなかで、気象学的にもっとも優れた記録を残したのは、幕末に紀州で暮らした川合小梅という女性でした。この人、じつは学者一家に生まれ、教養も高かったので、十六歳で結婚してから七十年間も日記を書き続けたらしいのです。現在なら人気抜群のブログ作者になっていたにちがいありません。

小梅さんの日記には、なんとお天気マークが設定されていたのです。○は晴、●は雨、曇りや一時雨が降った場合は、晴と雨のマークを二つに切って張り合わせた上に、雨の降り具合を示すために黒い部分の割合を変化させています。これは気象庁も顔負けのすばらしい発明で、一日の間に変化した天気の状況を表現できます。このマークが日付の頭に置いてあるので、毎日の天気を一目で見渡せます。天気の表現も、極上天気、快晴、少しくもり、小雨、大雨と、区分けが緻密です。それだけではありません。小梅さんの頭の中には精密な時間表があり、「雨、昼頃よりあがる」、「小雨降る、孫三郎八つ過ぎ来る」といった具合に、時刻まできっちりと記録されていました。

お天気や季節に視点を据えて眺める、日本人の日記。あまりにおもしろいので、たぶん私は一生退屈せずに済むことでしょう。

岩波文庫で学んだ博物学

私が博物学を勉強し始めたのは、『帝都物語』で売り出す7年ほど前、日魯漁業（現マルハニチロ）を辞めて文筆家をめざした直後のことでした。33歳頃のことです。その当時、行く先がまったく見えない暗い日々を過ごしていましたが、それまで探究してきた幻想文学やオカルティズムと同程度のインパクトがある新たな「学術廃棄物」を発掘して、残り人生の30年をこのテーマで突っ走ろうと考えていました。

私は元来生物好きで、とくに磯採集は子どものころから半世紀以上も続く野外道楽でした。学名もよく覚えましたし、分類学の歴史にも関心がありました。でも、後半生の「専門」テーマになるとは夢にも思わなかったのです。

博物学を再発見したきっかけは、東京大学周辺に並ぶ古本屋さんを冷やかして回る楽しみを覚えたことにありました。ここの古本街には、神保町にない自然科学の香りがあ

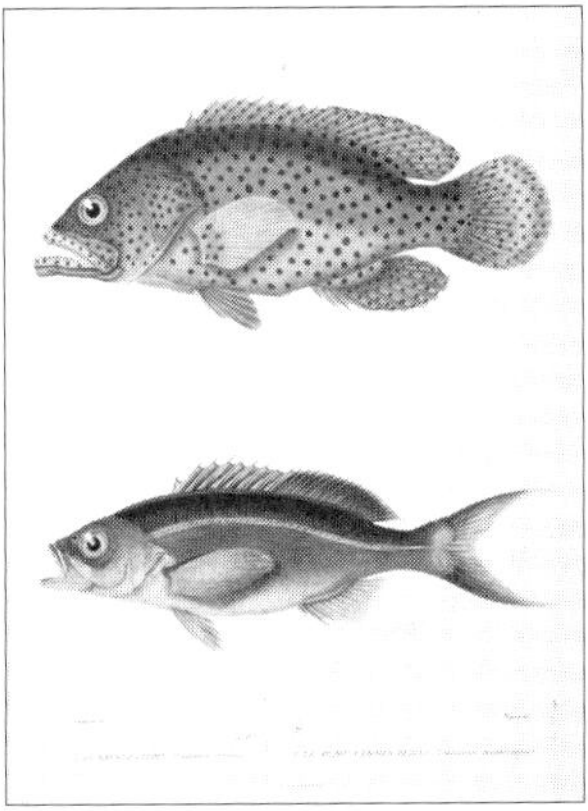

▲『キュヴィエ動物界・魚類編』

ったのです。店の棚をさぐると、昆虫学者の江崎悌三博士や日本水産研究所、熊田頭四郎の旧蔵本などが何気なく置いてあったりして、行くたびに興奮状態に陥るほどの収穫がありました。

ある日、自然科学書を並べた店（今は閉店しました）で、革装の古めかしい洋書に出遭いました。ページを開くと、魚類と刺胞動物の図鑑（上の図）です。美しい手彩色図版が百葉以上も収められていまして、これを見た瞬間、今まで私の仕事兼趣味であった古書・古図像・博物学の三要素がすべてガシャンとリンクする音が頭の中で鳴り響いたのを、よく覚えています。

そうだ、これからは、失われた博物学を志そう、と決心しました。

しかし、博物学という学問は、戦後、言葉ごとなくなっていました。時代は生物学という名を選んでおり、おどろおどろしい博物学という古い学問の内容を知るすべもありませんでした。

しかたがないので、手始めに日本語に訳された19世紀以前の西洋図書を漁ることにしましたが、基本図書のたぐいすら手にはいりません。唯一の例外が、長年文庫本の老舗として硬い書物を揃え続けてきた岩波文庫に、その生き残りがおさめられていたのです。だから、岩波文庫はすばらしい！

まずは、これがないと話が始まらないと言える古典中の古典、アリストテレースの『動物誌』です。今はこの珍本が全集の一部から外されて、文庫本になって刊行されています。この訳書のおかげでシロウト博物学はどれほど救われたことでしょうか。こんなに驚異的な博物学書は、プリニウスの『博物誌』を除けば、ほかに存在しないと思います。

たとえば、ニワトリの卵の発生に関する章を見ると、アリストテレースがみずから卵の中を調べたらしい観察報告にぶつかるのです。産みだされて10日目、ようやく体を成してきた雛は、目だけが異様に目立ちます。これを取り出して、目の皮をはぐと、中に白くて冷たい、日に当てるとギラギラ光る液がはいっているというのです。目の中にある液体が「冷たい」という記述が、じつになまなましい。また、20日めの卵を割って雛にさわってみると、ピーピー鳴きだす、とも書いてあります。二千年以上前の記述とは思えないほどのリアリティーがあり、結局18世紀まで動物学の教科書であり続けたことも納得できました。

岩波文庫での思いがけない掘り出し物は、ジョン・ラバック著『自然美と其驚異』でした。チャールズ・ダーウィンが後年住んだダウン・ハウスのご近所にいたラバックですが、この人、子どものころからダーウィン家に入り浸った幸運児であるだけでなく、長じて有名な銀行家となり、「バンク・ホリデイ」という休日制度を提唱したのだそうです。

この本の冒頭に、ラバックは書いています――この地球は光り輝く神仙境であり、人間の存在は一種の奇跡であるにもかかわらず、身辺を取り巻く幾多の美しく不可思議な現象をこころゆくまで楽しんでいる人は稀である、自然を愛する人は生涯幸福であり、退屈もしない、と。動物行動学の研究家で博物学の継承者でもあったコンラート・ローレンツも同じことを言っています。この本を読んで、幸せ者のラバックが暮らした邸宅に行ってみたいと願っていたら、二十数年後に思いが叶いました。ダウンのダーウィン邸を取材するテレビ番組に出演したとき、偶然にも近所にあるハイ・エルムズのラバック邸まで訪問できたのです。じつに広大な庭園でした。その森を借りてダーウィンの少年時代のドラマ部分が撮影されるあいだ、邸内もゆっくり見て回れたのが喜びでした。ラバックの本は現在、残念ながら品切れ中のようですが、もう一冊、手放しで歓迎の意を表したいのが、『完訳ファーブル昆虫記』です。

現在、ファーブルの新訳が奥本大三郎さんの手で集英社から刊行中ですが、岩波文庫版もすごいですよ。林達夫と山田吉彦の翻訳なんです。とにかく昆虫を観察するときが歓喜の絶頂のようなファーブルの本ですから、どこを読んでもハイテンションな幸福感にあふれています。

林達夫と山田吉彦の翻訳も、その熱い気分を古典的な言い回しで伝えてくれます。コオロギを針で刺して眠らせ、幼虫のえさにする習性を持つアナバチを観察しつづけたファーブルは、幼虫が変態し終えるまでを見届けると、最後の脱皮のあと飛び立って行く新米のアナバチに向かって、アザミの花に潜むカマキリに気をつけなさい、傾斜地で狙っているトカゲにも用心をし、巣穴を掘ったらおまえのコオロギを上手に眠らせて家族を作りなさい、と母親のように声を掛けるところがあるんです。もう、泣けてきます。こういうときこそ「生涯の稀な幸福の瞬間」だというのですから、読むほうも釣られて幸福感に満たされること、請け合いです。幸せを運ぶ博物誌の代表作と言ってよいでしょう。

でも、博物学はときにショッキングな主張を発しなければならないこともあります。ラマルク著『動物哲学』はそのみごとなサンプルです。訳者は、ダウンのダーウィン邸をはじめ博物学の聖地を訪ねて欧州を巡礼した生物学者、小泉丹と山田吉彦です。

この本を読むと、ラマルクが活動した18世紀には、動物の分類配列がまず高等動物に始まり、もっとも単純な下等生物で終わる階級構造になっていたことを教えられます。これに対し、ラマルクは断固として抗議するのです。それは逆だ、動物の順序はもっとも単純な種に始まり、自然環境の多様な要請により順次複雑になっていった。しかも複雑な構造を持つ動物などは時間的にもずっと後から発生した、と。原文はやっぱり、すごい迫力に満ちています。そして、しっかり進化論の体をなしているのに驚かされます。

彼は最後に、動物の進化あるいは変化は厖大な時間を要するから、あまりに短い人間の一生では、その事実を観察できない、と述べています。あんたの一生なんて、進化史の時計では秒針すら動かない時間なのだからさ、と結ばれる名言は、とても印象的です。

博物航海記でありがたいのは、『クック　太平洋探検』でしょうか。三回に及んだキャプテン・クックの探検記録が全部入っているのも、うれしいことです。

今はリゾート地になっている南洋の島々も、当時はまったくの異世界でした。たとえばマルケサス諸島。日本人がロシア船に乗って最初に世界一周した際、太平洋で初めて停泊したのがこの諸島でした。そこで私も、去年思い切って行ってきた。ほんとに「地果てる処の島々」といいたくなるほど荒涼としており、ゴーギャンもここまで来ないと死ねなかったんだと実感しました。ロシア船で来た日本人は、ここで刺青男を目撃し、「ここぞ鬼が島だ」と信じた話が、彼らの聞き書き『環海奇聞』に絵入りで出ています。

いっぽう、クックの船団はかれらの刺青をどう見たかと言うと、じつに淡々と「非常に体のプロポーションがきれいな民族で、タトゥーもかっこいいけれども、あの図柄は思いつきで描いたものじゃないか」などと報告しています。しかし、マルケサス、タヒチも含めて近海の島々で目撃した刺青のことはすぐに本国イギリスで話題となり、貴婦人までがお尻に「タトゥーする」ほどのブームになったそうです。それでも、かれらとの交易は結局、銃を撃ってねじ伏せる脅迫のスタイルだったことは、考えさせられる話です。

実際、昔の航海記や旅行記を博物学の目で読むことほどおもしろい体験はありません。ラバックが言ったとおり、生涯、退屈しなくてすむほどなのです。たとえば、画家のデューラーが著した『ネーデルラント旅日記』なども、おもしろ情報の宝庫といえるでしょう。

年金を払ってくれない皇帝やら、絵の代金を値切り倒そうとする人々を訪ねる集金旅行の体裁ですが、さすがはデューラー。ちょうど、世界から珍品奇品を集めた「ヴンダーカマー」成立時期にあたっていたので、行く先々で珍しい物を精力的に見物しています。

ブリュッセルでは、近ごろメキシコから王の許に送られてきた宝物を眺めています。直径六フィートもある純金の太陽、同じ大きさの純銀の月をはじめ、二部屋分もある装飾品や民芸品の山でした。

アントウェルペンでは、噂に聞いた「乙女たちの活人画」の見物もしています。活人画とは、いわゆる額縁ショーであり、薄物をまとっただけの裸身の美女が女神をまねてポーズをとる成人向けの見世物でした。その豪華さ（とエロティックな刺激）を受けて、「このようなものを私は滅多に見たことがない」と感嘆していますよ。そしてゼーラントでは、一頭の巨大クジラが嵐に流されて浜に漂着しているのを見に行っているのです。その体長、なんと六百フィート！　陸に乗り上げているので、こいつが死んで腐ったら、ものすごい悪臭がただようと、住人は戦々恐々でした。約二週間後、デューラーは荒海にもかかわらず、クジラをもう一度見に行きましたが、あいにく高波がふたたび襲ってクジラを沖に運び去ったあとだったそうです！

最後に、復刊してほしい岩波文庫の博物本があります。エルンスト・ヘッケルの『生命の不可思議』という本です。

世紀末にデュ・ボア・レーモンが世界の科学者にぶつけた挑戦的な問いかけ『自然認識の限界について 宇宙の七つの謎』(これも岩波文庫にあります)に対し、これら解明不可能な謎をひとりで勇敢にも解明しようとしたのが、ヘッケルです。ダーウィン進化論を世界に認めさせた豪腕の学者が、彼の最終結論として書き上げた本ですから、なかなか力が入っています。

その謎のひとつ、精神活動に関し、彼は当時の大脳解剖学の所見を駆使して、「フロネマ」という心霊器官を特定し、心霊細胞をも突き止めるというのですから、おもしろい。これで、肉体と精神の二分説を覆す「ヘッケル一元論」は完成し、科学と哲学を物質的にも解剖学的にも共通とする根拠が与えられることになりました。

しかも、信じがたい知のウルトラCといえる発見もありました。ヘッケルは鉱物のような無生物にも「魂」が存在すると断言してしまうのです。「非物質性の心霊物は存在しない」なんていう、彼の確信を読んで、私はしばらく唖然としたものです。今となればトンデモ本かもしれませんが、博物学史を知るには欠かせない一冊だと思います。

あとがき

世の中、どういうわけか、生きているダイオウイカの姿の撮影に成功したことを契機として、ただならぬ「深海ブーム」が到来しています。こんな現象は、表面上、パンダやらエリマキトカゲやらのときと似ていますが、今回のおもしろい点は、最新技術のおかげで人類の知識が大いに広がったことにあります。つまり、新しい関心事がひとつあらわれ、私たちの好奇心が一歩前進したとも言えるでしょう。

私もそのブームに刺激された一人です。博物学が大好きで、子ども時代からへんな生き物が好きでした。自然に関心を持つことは、知の出発点として理想形でもあります。なぜならば、自然相手の関心事には、ダイオウイカの場合が典型ですが、

知りたいきっかけが生まれ、

しかも十分な資料がないので自分でそれを探し、

場合によっては、深海に潜って調べる技術の発展を俟《ま》って、
みずから現場へでかけ、
この目で実際に「問題」を目撃し、
それを苦心して絵や文章に記録し、
人にも伝える、
というプロセスにつながるからです。我が家には、採集した生物標本が冷蔵庫のなかにもあり、また撮りためた現場写真が整理不可能なほど溜まっています。もちろん本を読むこともその一部です。
つまり、読書や本を書くことは、どのステップでも人間活動の大事な一ステップとして必要だ、ということを実感いたします。
私自身も、最近は深海生物のことで、多くの参考書や図鑑を出版したＪＡＭＳＴＥＣ（海洋研究開発機構）研究スタッフの方々と行き来するようになり、まだ本になっていないけれども途方もない深海生物の不思議をいろいろと聞いています。知れば知るほど興味が湧き、死ぬときは深海生物事典を胸に置いてほしいとさえ、思うほどです。

それと同時に、この地球最後の未知ゾーンにかんする最新の情報をみなさまにお伝えしたいという気持ちが高まって、もうすぐ70歳になるという高齢にもかかわらず、これまで博物学の枠にすら入っていなかった深海生物の本を、たくさん読むようになりました。ちょうどこのときめきは、私が過去に何度も体験した興奮に似ています。「お化け」を研究しようとしたときがそうでした。「博物学」や「風水」、「産業考古学」やら「神秘学」のときも同じでした。初めて目の前に大きな異世界が広がったとき、人は自然に「知をもとめる冒険家」になり、読むつもりもなかった書物と友達になるのです。

うれしいことに、近年は、そうした「胸の高鳴りを抑えきれず」に、自身も読書する側から読書させる側に参入した若い人たちが、たくさん出ています。本屋へ行くのが楽しみになります。

小説家や漫画家は、新人賞などがたくさんあって、すぐに注目されますが、博物学は地味ですから、深海生物のようなフィーヴァー現象はごくまれにしか起こりませんが、それでも、最近読んだ中では、ヘンだけれども途方もない生態をもつ「蟲」の仲間をキラキラした文章で綴るメレ山メレ子さんの『ときめき昆虫学』（イースト・プレス）などが楽しめました。

たとえば、ダンゴムシです。いまダイオウイカと並んでダイオウグソクムシというのがマスコミの注目を浴びていますが（5年間も餌を食べなかったという、あのダンゴムシの親方です！）、この本には身のまわりにいる親戚のダンゴムシにかんする章があります。私も子どもの頃遊んだ、体が真ん丸になる街中のダンゴムシ（正式にはオカダンゴムシ）は、明治期に地中海から船で持ちこまれた外来種だそうですから、おどろかされます。

私のように海の生物に関心のある人間も、本を読んで、たとえば「ホタルイカが属するのはホタルイカモドキ科、しかしホタルイカモドキ科にはニセホタルイカというのもいる」といった博物学トリビアをみつけては大喜びしますが、昆虫はそれ以上に奥が深いようです。

いずれにしても、こうした情報と実物、仮説と事実とが付きあわせできる舞台が、ほんとうにおもしろい知的冒険といえるのです。これは一生楽しめます。そして、この楽しみを何倍にふくらませられるかは、みなさんの読書量や、真偽確認のネットワークや、話し合える仲間の質によって決定されます。おっと、よき師匠をたくさんもつことも重要な要件でしたね。

最後に、この本を読んでくださった皆様のうち、お一人でも、読書を生涯の友にしてみようか、と思われる方がでてくだされば、著者として、これに過ぎる喜びはありません。

2014年5月5日

荒俣 宏

追伸：本書刊行にあたり、これまで私が折に触れて書いた書評記事の一部を、新たに本書向けに書き改めた箇所がいくつかございます。ここではいちいち出典は明記しませんが、オリジナル原稿を掲載してくださった雑誌、新聞に感謝いたします。

また、かなりオリジナルに近い形で転載させていただいた部分も二か所あります。その出典を次ページに明記しました。転載をご許可いただき、感謝に堪えません。

第四章
●お天気日記を読む楽しみ
『季刊ＳＯＲＡ　２０１０梅雨号』　２０１０年５月初出（ウェザーニューズ）
●岩波文庫で学んだ博物学
『読書のすすめ』第14集　２０１０年５月初出（岩波書店）